Philtre d'amour

Tobie Nathan

Philtre d'amour

Odile Jacob

15, rue Soufflot, 75005 Paris

www.odilejacob.fr

ISBN : 978-2-7381-2920-8

« Un poison violent, c'est ça l'amour
Un truc à n'pas dépasser la dose. »

Serge Gainsbourg

LA PASSION AMOUREUSE

« Un procédé pour faire que le cœur d'une femme
s'intéresse à un homme. À mettre en œuvre
sur-le-champ, et il agit immédiatement.
Tu dois prendre une hirondelle et une huppe vivantes.
Onguent fait pour elles : sang d'âne, sang d'une vache noire.
Et ensuite tu enduis leur tête avec de la pâte de lotus ; puis
tu pousses un cri devant le soleil au moment où il se lève.
Tu leur coupes la tête à toutes deux. Tu enlèves leur cœur
de leur cage thoracique à droite à toutes deux, et tu les enduis
avec le sang d'âne et avec le sang d'une vache noire,
comme plus haut. Tu les places dans une peau d'âne.
Tu les laisses au soleil jusqu'à ce qu'elles sèchent pendant
quatre jours. Quand les quatre jours sont passés, tu les broies ;
tu les mets dans une boîte ; tu les laisses dans ta maison.
Quand tu désires qu'une femme aime un homme,
tu prends la sève du bois d'un arbre-her ;
tu prononces leur nom exact devant eux.
Tu la mets dans une coupe de vin ou de bière ;
tu la donnes à la femme pour qu'elle la boive. »

Charme tardif pour conquérir le cœur d'une femme, extrait d'une compilation de formules magiques, manuscrit (papyrus) datant du IIIe siècle de notre ère, conservé pour partie au musée de Leyde et pour partie au British Museum[1].

1. *In Chants d'amour de l'Égypte antique*, Paris, Imprimerie nationale Éditions, 1992, p. 131.

La passion amoureuse est le résultat d'une manipulation. Je vais donner foi ici à une idée répandue à travers le monde selon laquelle, loin de naître spontanément entre deux personnes, la passion amoureuse serait déclenchée par une action délibérée. On ne tomberait pas amoureux au gré des rencontres, charmé par un corps harmonieux, un doux visage ou une belle âme, mais parce qu'on aurait été l'objet d'une capture délibérée. Objets magiques, philtres, parfums, prières, rites, paroles ésotériques, nourritures ou boissons préparées... Je focaliserai mon intérêt sur les innombrables manières de faire et sur leurs modes d'action et d'efficace, sur les théories qui les gouvernent, sur les mondes qui les abritent.

Idée à rebours, je le concède, décalée, dans un monde où on regarde les humains comme des singletons ; où on a introduit pêle-mêle les interactions complexes et les émotions dans une intériorité confuse, la « psyché[1] », perdant la passion des anciens pour les regards, les touchers, les senteurs et les objets. Un monde dont la philosophie est l'apologie du « désir », lequel se trouve être celui du consommateur, lui aussi manipulé, par des techniques au moins aussi sophistiquées que celles auxquelles je vais m'intéresser ici[2]. Monde étrange que celui des « modernes », qui tourne en dérision la paille des techniques d'amour, ignorant la poutre de ses propres techniques de marketing.

---

1. Voir à ce sujet le beau livre de Bruno Latour, *Enquête sur les modes d'existence. Une anthropologie des modernes*, Paris, La Découverte, 2012.
2. Voir par exemple le subtil ouvrage de Robert-Vincent Joule et de Jean-Léon Beauvois, *Petit Traité de manipulation à l'usage des honnêtes gens*, Grenoble, PUG, 2004.

C'est pourquoi je ne prêterai pas attention aux pensées communes que me renverront les litanies des presses du cœur et la vulgate d'une psychanalyse infantilisante. Je considérerai ici que *la passion amoureuse qu'éprouve l'un est le résultat des pratiques d'un autre*. C'est le point de départ. Cette idée n'est pas seulement répandue dans ce qu'on appelle avec condescendance les « croyances populaires » ; on la retrouve dans des théories savantes, en Afrique, au Moyen-Orient, en Amérique du Sud, en Indonésie ou en Inde – ailleurs aussi, sans doute. L'insistance de ces théories lointaines, qui ont su résister aux sirènes de la modernité, vient faire écho à d'autres très semblables que nous connaissions dans le monde occidental jusqu'au XVIIIe siècle au moins qui, elles aussi, faisaient usage d'objets techniques pour déclencher la passion. Du reste, à écouter les confidences actuelles des amoureux et les plaintes de certaines personnes en souffrance, ces mêmes pensées poursuivent leur chemin dans l'intimité des cœurs et parfois dans les cabinets des psys.

Changement de perspective radical, *je regarderai l'amoureux comme une proie et l'être aimé comme un chasseur*, même s'il arrive fréquemment que le chasseur devienne à son tour la proie de sa victime. Or ce changement de perspective déplace aussi le pôle d'intérêt. Du regard sur l'âme de l'amoureux, sur les strates de son passé, sur les séquelles de ses faux pas d'enfant, on passera à l'investigation de pratiques expertes, complexes, souvent hybrides, empruntant ici ou là, mais mises en œuvre avec méthode et détermination. Car si l'amoureux est une proie, le prédateur ou la prédatrice use d'outils, objets étranges nés de méthodes éprouvées, nécessitant le plus souvent la contribution d'experts et se référant à des corpus oubliés.

Sourire amusé que je devine chez le lecteur : « Vous y croyez vraiment ? »

J'écris ce livre pour le savoir… pour savoir si j'y crois, précisément ! Je me suis plongé dans cette investigation avec passion, tentant d'assembler les témoignages, les récits, les textes, les mythes et ce que nous savons des traditions éloignées.

Et le lecteur y revient : « J'admets que ces techniques existent. Je peux aussi concevoir qu'elles sont répandues. Mais penses-tu vraiment qu'elles sont efficaces ? Penses-tu qu'on peut déclencher l'amour à l'aide de procédures ? »

Je dois dire que je trouverais logique qu'une des plus intenses émotions que nous sommes susceptibles d'éprouver – seulement comparable à la frayeur (par son intensité) et à la folie par les métamorphoses radicales qu'elle produit chez la personne – soit déclenchée par l'action volontaire d'un autre.

« Tu te dérobes, rétorquerait mon lecteur, sais-tu au moins comment faire ? »

> « Si parmi vous, Romains, quelqu'un ignore l'art d'aimer, qu'il lise mes vers ; qu'il s'instruise en les lisant, et qu'il aime[1]. »

Voilà ce qu'écrivait Ovide dans son *Art d'aimer*, qui déplut à César et lui valut la relégation aux marches de l'Empire en l'an 8 de l'ère chrétienne. Il y a deux mille ans, Ovide eut le courage de l'énoncer de manière radicale, se recommandant seulement de son expérience et de son inspiration : aimer requiert un apprentissage. Et Ovide entendait transmettre cet art, la magie des paroles d'invite, la

1. Ovide, *L'Art d'aimer*, [1,1].

langueur du premier regard, la virtuosité des gestes frôlés. Il savait que l'art de la rencontre est le sel de la vie – « *A vida é arte do encontro*[1] », chantait Vinicius de Moraes dans sa fameuse *Samba da Bênçao.*

Ovide s'est même présenté à la postérité en tant que maître des amoureux :

> « Achille reçut [des armes] de Vulcain ; par elles il fut vainqueur : sachez vaincre par les miennes. Et que tout amant qui aura triomphé d'une farouche Amazone avec le glaive qu'il reçut de moi inscrive sur ses trophées : "Ovide fut mon maître"[2]. »

Plus encore, étonnamment moderne, il ne se contenta pas de fournir aux hommes une sorte de manuel intemporel du dragueur qui, je le sais, est encore utilisé par les jeunes gens de nos jours. Il consacra aux femmes, dans son Livre III, autant de vers qu'aux hommes, leur dispensant ses conseils, les guidant dans la mise en valeur de leur beauté, leur suggérant les réponses intrigantes à retourner à leurs galants, leur glissant des manières d'exacerber le désir et de se préparer à éprouver les sensations. Équitablement maître des femmes et des hommes, il a bâti une sorte de république des affects. Devant l'amour nous sommes tous égaux, hommes et femmes. Également démunis, devrait-on peut-être ajouter…

Ovide, le poète, sut chanter l'« art d'aimer », un savoir-faire, comme l'art culinaire ou le tour de l'artisan. Chez lui, il s'agissait de l'art d'attirer le partenaire, de le convaincre des plaisirs qu'il pourrait retirer de la rencontre, de le

1. « La vie est l'art de la rencontre. »
2. *L'Art d'aimer,* [2,740].

séduire… – la séduction, qui, si on en croit l'étymologie, serait un *détournement*. Et séduire consiste bien à détourner le regard de l'autre, du moins dans un premier temps et, si l'entreprise réussit, l'amener à agir comme si son bien-être coïncidait avec le mien. Ovide agit sur des corps, celui du séducteur, de la séductrice, qu'il prépare, embellit, parfume ; celui de la personne séduite qui en viendra aux positions, aux gestes attendus. Véritable poète, il déplace les corps à distance en maniant des paroles.

Je m'en vais aussi traiter d'amour et de technique. Comme Ovide, je suis persuadé que le sentiment amoureux résulte d'une action. Cependant, plutôt que du corps, je m'occuperai surtout de sentiments. Il ne s'agira pas ici d'évoquer des recettes pour stimuler l'attirance (un savoir utile, assurément), mais *des manières de déclencher la passion*. Je le répète : il est des moyens de rendre l'autre fou d'amour !

Notre conception du couple, nos lois du mariage, les récits qui encadrent notre imaginaire et ceux qui nous envahissent sur nos écrans sont pourtant fondés sur un postulat inverse – celui de la spontanéité des sentiments. C'est même ce postulat qui donne naissance à l'individu, particule élémentaire de nos sociétés modernes. Quelle meilleure définition de l'individu pourrait-on donner sinon un *être pour l'amour* ? Le postulat de sa liberté, sa capacité à tomber amoureux, conçue comme l'expression singulière de son désir, est nécessaire à la cohérence des sociétés modernes. Cet être-de-désir est la cible des études de marketing, maintenant celle des sites de rencontre. Alors, venir argumenter la possibilité de déclencher délibérément le déferlement passionnel, cette quintessence de l'individualité, l'entreprise est risquée. C'est en toute conscience que je m'y aventure.

Définitions

Expliquons-nous d'abord sur les termes. Lorsqu'il s'agit d'amour, le français est imprécis. La langue désigne du même mot l'intérêt passager, l'attachement tempéré et l'emportement amoureux, la passion, cette véritable folie, sentiment auquel je m'intéresse ici en priorité. La passion amoureuse se caractérise par la fixation de tous les intérêts sur une même personne, jusqu'à l'obnubilation.

Attraction incoercible, pulsion peut-être, impulsion à coup sûr, compulsion quelquefois, force obscure en tout cas, l'amour-passion survient comme une déferlante. Il s'empare du moi, qui n'est alors plus moi ; du je, qui s'enfle à l'infini… Il se saisit des deux, les agrippant de l'intérieur jusqu'à les confondre. Je veux dire que la volonté est alors médusée. L'amoureux ne sait ce qui l'agit, une puissance dans les tréfonds, qu'il perçoit étrange, extérieure à lui-même.

Passion

Cette force qui s'empare de l'amoureux balaie d'un coup les nécessités vitales et les obligations sociales qui organisaient sa vie jusqu'alors. Il court. Il suit aveuglément qui le conforte dans son attirance. Il rejette qui tente de le raisonner, le repousse, allant jusqu'à rompre avec des amis de toujours. On ne le reconnaît pas ; il ne se reconnaît plus, aliéné, au sens propre, devenu autre. C'est alors qu'il ne se pense plus au présent mais au futur, propulsé dans un devenir ininterrompu. D'un coup, d'un seul, il est en train… en train de changer, d'advenir, de se réaliser. *L'amour est métamorphose.*

La passion amoureuse est une émotion, un sentiment et un état – état paradoxal, à la fois irréfléchi, proche de la folie et pourtant le plus conséquent, puisqu'il conduit l'amoureux à transformer son monde. On dit qu'il isole, qu'il écarte les semblables, et pourtant c'est le plus social, car ne se contentant pas de l'instant, emporté à la poursuite de l'événement. Passionné de mouvement, de tous les états dans lesquels peut se trouver une personne, il est le plus téméraire. C'est en cet état que la personne trouve le courage de transgresser les interdits, de bousculer les conventions. Cet état, comme on le sait, brouille le jeu, bat les cartes, permettant d'enjamber classes sociales, appartenances religieuses et ethniques. *L'amour est transgressif par nature.*

Le roi renonce à son royaume… Fou d'amour pour une roturière, une Américaine deux fois divorcée, Édouard VIII, qui vient pourtant d'accéder au trône, abdique moins d'un an plus tard pour épouser Wallis Simpson dont il est amoureux fou.

L'amoureux prend tous les risques… Durant l'Occupation, une jeune fille de la haute bourgeoisie lyonnaise, follement éprise d'un étudiant africain, s'en va cacher sa passion dans une cabane dans le Vercors, où elle donnera naissance, à un an d'intervalle, à deux enfants métis. Amoureuse et résistante, maman de deux enfants en bas âge, Dieu seul sait comment elle put survivre à la guerre.

Comme on dit : « L'amour est plus fort que tout. » L'amour est force, assurément, mais il est aussi douleur. La passion amoureuse est une souffrance, parfois désignée comme maladie. Son principal symptôme est le manque, un manque permanent que même la présence de l'être aimé ne parvient pas à combler, que l'amour physique n'épuise pas. Les mots tendres ne la soulagent en rien, les preuves d'attachement l'exacerbent. Le doute y règne en maître. « Où se trouve-t-il en cet instant ? Pense-t-il à moi comme je pense à lui ? » Et n'allons pas croire qu'il s'agit seulement de cette jalousie qu'on dit « féminine »... Car cette passion se décline dans les deux genres. « Est-elle en train de m'imaginer comme je l'imagine ? Renifle-t-elle sur ses doigts les effluves de notre nuit, comme je le fais ? N'est-elle pas, en cette seconde, attirée par un autre, comme elle le fut par moi ? » Les doutes sont parfois plus pernicieux, qui vrillent l'esprit de l'amoureux et s'y installent comme un ver. « Toutes les manifestations d'amour qu'elle m'a témoignées, n'étaient-elles qu'un jeu, une parodie, peut-être ? » Et, de l'autre côté, peut-être au même moment, une question symétrique : « N'a-t-il pas simulé cette passion pour que je lui cède ? Et maintenant qu'il a obtenu ce qu'il désirait, ne va-t-il pas m'abandonner là, partir ailleurs, répéter ces mêmes gestes, ces mêmes mots, avec une autre ? » Il ne s'agit pas ici d'une réaction de propriétaire craignant de perdre son bien, mais du vacillement de l'être. Penser l'être aimé entre les bras d'un(e) rival(e) anéantit l'existence même de l'amoureux. Il fuit ces images terribles, ces incarnations du cauchemar. « Sa disparition signifie la mienne. S'il m'abandonne, je me tue sur-le-champ... »

Car, tout près du sentiment amoureux, prêt à usurper sa place, guette une autre émotion, qui l'accompagne comme son ombre, un bouillonnement, sans direction ni motif, sorte d'animal informe, qui enserre la poitrine : l'angoisse. Celle-là s'est installée dès le premier instant, en une présence sourde, grondant à l'arrière-fond. Elle s'est manifestée à certains moments, avec une violence inattendue, au sujet d'un rien, souvent, une chamaillerie, un désaccord passager. Tout ce qui laisse supposer un interstice entre l'amoureux et l'être aimé grossit démesurément, se révèle comme une faille, une crevasse, les premiers craquements d'un cataclysme. Les seuls apaisements viennent avec le corps à corps dans l'obscurité, dans cet espace où se dilue le règne de la parole et du regard.

On a dit de l'homme qu'il est une espèce de singe. Sans doute est-ce vrai d'un certain point de vue mais, à regarder le comportement des humains, ils ressemblent bien plus aux oiseaux. Exclusivement bipèdes, ils se dandinent en marchant, comme les poules ou les pingouins. La conformation de leurs jambes en fait des coureurs, comme l'autruche. La tête bien droite, ils regardent au loin et découvrent le monde avec les yeux. Les hommes sont des visuels ; ils touchent du regard. Et, tout comme les oiseaux, ils parlent sans cesse. Mais les oiseaux se taisent lorsqu'on éteint la lumière. Installez deux êtres humains dans l'obscurité et les sens les plus puissants, les moins contrôlés prendront le dessus. Ils redeviendront alors ce qu'ils n'auraient jamais dû cesser d'être : des singes. C'est alors qu'ils cessent de regarder et de parler ; c'est alors qu'ils touchent, caressent, goûtent et reniflent. Ce sont précisément les activités qui apaisent les amoureux. Ils trouvent une détente dans ce lien primaire, cette fusion que procurent l'odorat et le toucher. Là, dans ce contact immédiat, ils ont le sentiment que rien ne pourrait les séparer, réunis comme ils le sont alors par un ombilic invisible, comme collés. L'odeur, l'odeur surtout, possède ce pouvoir apaisant, parfums, humeurs d'amour, sueurs et haleines en un amalgame que tous deux reconnaissent comme l'émanation d'une totalité confuse. Eux... lui, l'amour !

La passion amoureuse est d'abord une souffrance. Perplexe, je contemple les amoureux. Pourquoi supportent-ils de souffrir ainsi ? Pourquoi recherchent-ils la douleur ? Qu'est-ce qui les fascine dans cet état fait de tension anxieuse, d'incertitude, de pensées excessives, irréelles et qui les persécutent si souvent ? Plus encore, ils le recherchent. Et lorsqu'ils sont dans cet état, ils semblent joyeux, se dépassent, accomplissent des exploits, courent, se démultiplient. Ils ne dorment plus que quelques heures par nuit, traversent la ville à pied pour passer quelques minutes avec l'être aimé. Ils peuvent téléphoner durant des heures, alors qu'ils se sont quittés à l'instant. Même si les moments de plaisir atteignent une intensité qu'ils ignoraient jusque-là, ils sont fugaces, presque des parenthèses. Qu'est-ce donc qui les retient ainsi, médusés, « scotchés » ?

Certains ont comparé la passion amoureuse à l'addiction aux toxiques. L'amour serait une sorte de toxicomanie, pense-t-on aujourd'hui, alors qu'autrefois on disait plutôt que la toxicomanie était une forme d'amour – amour pour un non-humain, pour une substance... La comparaison reste pertinente néanmoins, dans les deux sens. Comme chez le toxicomane, on reconnaît chez l'amoureux la même fugitivité des satisfactions. Le plaisir éprouvé lors de la « fumette », de la « sniffette » ou du « shoot » se décrit en termes d'intensité et non de contenu. Chez les deux, il est perception confuse de forces, traversées de sensations, de bien-être, de « flips », bien plus que regard posé sur des images ou attention portée à des idées. La dépendance est une autre caractéristique commune aux deux états. L'amoureux, tout comme le drogué, éprouve dans son corps cette magie opérant à distance, comme un aimant sur la limaille de fer… Étirement désespéré du « je » s'arc-boutant pour saisir l'objet, déchirant son assise, douleur infinie du manque qui conduit inexorablement à y revenir. Le toxico, on le sait, y revient toujours, quelles que soient ses « prises de conscience », les « compréhensions » de son prétendu « problème ». Quel problème ? Ses thérapeutes, raisonneurs, ne peuvent l'admettre… Il le dit lui-même, pourtant : il n'a pas de problème ! Sa seule question, la polarité de son monde, c'est la présence d'un « autre » ; sa seule question, c'est le toxique, la substance. Et la substance est cet « autre ». Déjà Freud avait noté que la relation entre l'alcoolique et sa bouteille est une véritable passion amoureuse. Or, passé le premier temps où on se satisfait de l'évidence, une critique vient à l'esprit : la dépendance au toxique est d'abord physique. La douleur que ressent l'héroïnomane en état de manque provoque un insupportable mal-être. Séparé d'une substance qui lui est devenue milieu interne, il se trouve privé de l'un de ses constituants, comme si on lui avait retiré l'oxygène. Une nouvelle dose et le voilà qui émerge comme un plongeur en apnée à bout de souffle.

Au contraire, dans le cas de l'amoureux, il n'est guère de substance, à moins qu'on considère l'état amoureux comme un paroxysme de la libération d'endorphines… On sait en effet que les états de stress, physiologique ou psychologique, tout comme l'exercice physique intense, provoquent la libération par l'hypothalamus et l'hypophyse d'une substance cousine de l'héroïne, qui procure le même type de plaisir : l'endorphine. Des études menées auprès des accros au jogging ont noté les termes dans lesquels les usagers décrivent leur état. Ils parlent d'*euphorie,* de *sensations de puissance illimitée,* de *flottements dans l'irréel,* autant d'impressions qui pourraient aisément s'appliquer à l'état amoureux. Le mécanisme semble similaire, mais la cause est différente. L'amoureux éprouve le manque de la présence de l'autre ; et pourtant sa présence exacerbe le manque. C'est là que se glisse la différence. Elle semble mineure, mais elle transfigure le tableau. Chez le toxicomane, la substance fait disparaître le manque, temporairement, sans doute, mais totalement. Alors que la présence de l'être aimé ne parvient jamais à le combler.

Si on questionnait l'amoureux, il présenterait d'autres arguments que ceux du sportif. Tout comme lui, il parlerait d'une extension du soi, de l'apparition de capacités qu'il ne se connaissait pas. Cependant, il saurait toujours désigner l'origine de son exaltation. L'autre, toujours l'autre ! À juste raison… Les frontières de son moi semblent s'être dilatées jusqu'à englober un autre moi. C'est précisément ce qui manque au sportif, qui n'a pour seul tiers que son corps et ses performances. Pour l'amoureux, l'autre, perpétuellement présent, se trouve dans la place, à l'intérieur de l'espace propre. Lorsqu'il est dans la même pièce, il n'est pas assez près ; durant l'étreinte, il est encore trop loin. Il faudrait que les corps physiques puissent réaliser ce que la sensation promet : un seul corps combiné, comme certains papillons qui fusionnent leurs segments génitaux durant l'accouplement. Plus encore, la fixation à cette pensée de l'amalgame, de l'hybride, de l'androgyne, procure la certitude de percevoir l'autre à distance, comme on sait ce que ressent sa propre main. L'amoureux localise l'être aimé dans l'espace ; il le voit se déplacer, même s'il se trouve à des kilomètres, perçoit ses pensées, les entend même à l'intérieur de sa tête ; il sent son odeur, qui l'entoure et l'accompagne, comme un parfum. Les techniques modernes de communication, qui ont emprunté à la passion amoureuse son affinité pour l'immédiat, mettent une multitude de moyens à disposition des amoureux. Le téléphone portable est leur outil privilégié, les SMS crépitent, les tchats s'enflamment, les vidéos déferlent sur tous les écrans disponibles. Tout est possible aux amoureux, qui n'éprouvent ni honte ni remords. À l'acmé de leur passion, ils sont devenus un monde, une totalité. Plusieurs caractéristiques désignent cet état, expliquant pour une part sa puissance.

Générosité

Véritable élation de l'âme, l'humeur conquérante et euphorique de l'amoureux s'exprime sous l'empire de la *générosité*. Il a fait l'expérience concrète, physique de l'altérité. Il a tellement intégré l'existence d'un autre être humain, d'un « autre », qu'il se sait capable d'une sympathie, au sens propre. Il éprouve les sentiments de l'être aimé, pleure à ses douleurs, réagit à ses désirs – plus encore, il ne sait distinguer qui des deux désire. Toute culpabilité a disparu. Amoureux, il se sent aussi moral, parce que *généreux*.

Les mêmes sensations président aux passions des couples gays. L'armée spartiate l'avait compris, qui favorisait l'existence de couples homosexuels dans certains bataillons, comptant sur cette générosité, pour en faire des soldats d'élite. Car l'amant redouble de courage lorsque le danger guette l'être aimé. Au IVe siècle av. J.-C., le bataillon sacré de la ville de Thèbes ne comportait que des couples homosexuels. Soldats exceptionnels, ils connurent la victoire pendant plus de trente ans, jusqu'à la bataille de Chéronée, en 338 av. J.-C., où l'armée entière fut défaite par celle de Philippe de Macédoine. « Il est impossible de briser la cohésion d'une troupe de soldats qui s'aiment d'amour », commentait Plutarque, impressionné par leurs prouesses militaires.

Métamorphose !

Celui qui se trouve dans cet état prend soudain conscience qu'il n'est plus le même, qu'il est en train de changer, de se métamorphoser, de muter, plutôt. Les engagements d'autrefois ne le lient plus. Ils avaient été conclus par une autre personne. Le papillon se souvient-il de sa vie de chenille ? Devenu animal de l'air, seulement sensible aux effluves, aux particules infinitésimales transportées par les vents, garde-t-il quelque chose de sa vie de rampant croqueur de feuilles ? J'imagine que tout a été balayé ; que le disque dur a été effacé. Tel est l'amoureux, non pas encore devenu chenille, mais nymphe, c'est-à-dire en *process*, à l'une des étapes de sa transformation. Il ne se souvient d'ailleurs plus avec précision de l'identité du prédécesseur qui habitait cette même peau. Il lui semble lointain, comme s'il s'agissait d'un étranger. Ce constat s'accompagne de récits prenant forme de révélation. Cet amour a permis l'expression de sa vraie nature. Il ne se savait pas musicien, par exemple, ou poète, ou peintre, artiste, en tout cas.

Eurêka !
Un hasard qui se révèle destin

La passion implique que l'amoureux sache, plus ou moins confusément, qu'il existait une chance sur plus de trois milliards pour qu'il la rencontrât elle – elle et pas une autre ! Celle-ci et pas n'importe quelle autre ! Dans la masse gigantesque des « n'importe qui », il a aperçu quelqu'un. Cet événement dont la probabilité était quasiment égale à 0, la découverte inouïe de son complément, lui donne un sentiment de victoire. Alain Badiou parle assez justement d'une « victoire sur le hasard[1] ». Là réside l'une des explications de l'exaltation, qu'on dit proche de la manie[2]. Il est plus chanceux que le gagnant à la loterie. Comment se peut-il que cette femme qui n'est pas sa jumelle, pas davantage sa sœur, lui soit pourtant si proche, de même substance, de même nature ? Coïncidence inouïe de deux étrangers qui se ressemblent, s'assemblent, se superposent jusqu'à se confondre. L'événement distord l'entendement.

1. Alain Badiou, avec Nicolas Truong, *Éloge de l'amour*, Paris, Flammarion, 2009.
2. Un grand nombre de textes psychanalytiques brodent depuis Freud sur l'équivalence de l'état amoureux et de la manie. Voir par exemple Christian David, *L'État amoureux*, Paris, Payot, 2001.

L'amoureux le reçoit comme une chance qui lui est consentie, une élection, indubitablement.

Cette jeune Américaine était lasse des jeunes gens qu'elle rencontrait. Non qu'elle ne les trouvât pas à son goût, mais pas plus que ça, plutôt normaux, « standard ». Pourquoi choisir celui-ci plutôt qu'un autre ? Comment choisir ? Elle décida de défier le destin. Elle inscrivit son nom sur une dizaine de billets d'un dollar qu'elle remit en circulation. Elle se promit en secret qu'elle accorderait sa préférence au jeune homme qui lui rapporterait l'un de ses billets marqués de son nom. Elle savait cet événement si peu probable qu'il en était quasi impossible. Et la vie avait poursuivi son cours. Quelque temps plus tard, elle débuta une relation un peu plus sérieuse avec un jeune homme. Elle acceptait des invitations à dîner, des sorties au cinéma. Un soir, il l'invita à sortir de nouveau mais avec l'intention de lui proposer une relation plus sérieuse. Il lui avait préparé une surprise : un cadeau. C'était un billet d'un dollar où il avait remarqué, dans un coin, le nom de la belle inscrit au crayon. Il l'avait enserré dans une feuille dorée, délicatement encadré. Lorsqu'elle aperçut le billet, la jeune fille resta sans voix. Elle ne dit rien, mais de ce jour nourrit une véritable passion pour le jeune homme, convaincue qu'il était son âme sœur[1].

Je m'arrête plus longuement à l'*eurêka* de cette rencontre inattendue – la surprise étant toujours de la partie. J'ai pris n'importe qui et c'était celle qui m'était destinée,

1. Cette anecdote est racontée par les protagonistes eux-mêmes (Esther et Paul) dans l'émission n° 489 de *This American Life From WBEZ*, diffusée (et podcastée) le 4 mars 2013.

me retrouvant au temps de la création du monde. Imaginez Adam choisissant n'importe laquelle, Ève, et c'était sa jumelle. Cette séquence constitue le paradoxe principal de la passion amoureuse, celui d'un *hasard qui se révèle destin*. C'est à cet endroit que démarre une piste, la première. Nous voilà devant une situation inouïe, caractéristique cependant, dont on peut décrire la logique. L'amoureux a rencontré un autre – un autre qui a fait irruption dans son monde et qu'il ne parvient pas à chasser – et c'est pourtant lui-même qu'il découvre dans un même mouvement. « Je » a été désigné tel par cet autre et advient de ce fait en tant qu'être autonome.

Je l'aime, donc je suis. Voilà la véritable formule de la passion amoureuse.

La possession

« La passion est, croit-on, d'origine magique ; magique lui aussi, le désir sexuel est considéré comme une possession imposée par un élément extérieur. »

Véronique Grandpierre, parlant de l'amour à Sumer
in Sexe et amour, de Sumer à Babylone,
Paris, Gallimard, 2012.

Nous reconnaissons ce type de désignation en miroir où « je » prend corps du fait de l'incarnation de « tu ». Nous l'avons rencontrée ailleurs, en observant d'autres états. Il s'agit là aussi de rencontres aléatoires, à la fois recherchées et inattendues, survenant dans la pénombre surchauffée, au gré de notes de musique, du rythme du tambour ou d'un pas de danse – une rencontre qui s'inscrit ensuite dans la chair de l'individu, comme un destin.

Michel Leiris a été l'un des plus grands ethnologues français. Il avait quelque chose de plus que les autres, un don pour les mots, cultivé lors de sa fréquentation des surréalistes ; un courage aussi, dans la description fine de ses états intérieurs, et jusqu'à l'autodérision – compensation, peut-être, d'une mélancolie persistante qui le conduisit à une sérieuse tentative de suicide en 1957. Cet homme, à la fois original et fragile, sorte de prince de la littérature, dont Lévi-Strauss disait qu'il était le plus grand prosateur du siècle, mit au travail une question d'une manière singulièrement nouvelle : la possession. Durant les années 1931-1932, alors qu'il participait à la mission ethnologique Dakar-Djibouti, sous la direction de Marcel Griaule, il rêvait d'Arabie, de Yémen, d'Éthiopie... Il s'imaginait Joseph Conrad, était habité de Rimbaud et de sa compagne abyssine[1]. Outre les admirations d'un lettré, il nourrissait une espérance folle. Il attendait de tels parrains la levée de ses inhibitions à l'écriture, à vivre sa propre vie. Si bien que lorsqu'il parvint en Éthiopie, dans la vieille capitale Gondar, à la splendeur en guenilles, à l'endroit où Rimbaud, le poète maudit, vécut plusieurs années[2], il se sentit arrivé. Il ne voulait plus en repartir et se consacra durant des mois à la description minutieuse du culte des *zars*. Ce n'était certes pas la première fois qu'un ethnologue s'immergeait dans un culte lointain, mais aucun ne l'avait fait de cette façon, à la fois profonde et concernée. Il nous a laissé des notes de terrain d'une intensité personnelle inégalée.

---

1. « Je vis ici dans le culte de Rimbaud qui, avec Nerval peut-être, représentera toujours à mes yeux la seule figure littéraire réellement nette et propre. Pour la France tout au moins », Michel Leiris, *L'Afrique fantôme*, *in Miroir de l'Afrique*, Paris, Gallimard, 1996, p. 535.
2. « La haute silhouette du maudit famélique qui toujours m'a hanté se dresse entre le soleil et moi. C'est sous son ombre que je marche, ombre plus dure mais plus revigorante aussi que les plus diamantés des rayons », *ibid.*, p. 416.

Zar

Le *Zar*... Il s'agit d'un culte de possession qu'on trouve tout au long de la vallée du Nil, en Éthiopie, d'abord, d'où il est sans doute originaire, au Soudan aussi et jusqu'aux rivages méditerranéens d'Égypte. Là, les femmes – ce sont surtout des femmes ! – sont prises par les esprits. En français, on les dit « possédées », mot impropre, hérité de nos diableries du Moyen Âge. En vérité, elles sont élues, choisies par un invisible non humain qui leur sera un compagnon exclusif jusqu'à la mort.

Accompagné de Abba Jérôme, un lettré éthiopien, qui traduisait les paroles et expliquait les concepts, Leiris assista au rite. Non pas une fois en passant ou quelquefois, mais comme un adepte, ne ratant pas une séance. Il se rendait quasi quotidiennement chez la maîtresse des *zars*, la vieille Malkam Ayyahou. Il l'observait, la questionnait ; il interrogeait aussi ses initiés et les innombrables clients, malades et quémandeurs de chance, qui venaient la consulter. Dans son journal, qu'il publiera plus tard sous le titre *L'Afrique fantôme*, il notait ses rencontres, ses interrogations, ses « flashes » aussi, ses compréhensions soudaines. Et son texte devint de jour en jour plus personnel, se faisant journal intime. Plus sa connaissance du rite progressait et plus Leiris s'attendait à tomber en transe, à devenir à son tour la monture d'un esprit, d'un « diable », d'un *zar*. Il le souhaitait ; il guettait l'événement – sans doute ce désir était-il conscient. Il attendait une métamorphose, un bouleversement, la sortie de ce marasme qu'il trimballait depuis l'enfance et pour lequel il avait consenti cinq ans de cure psychanalytique avec Adrien Borel, le psy des artistes. Et voilà qu'un soir, il tomba, c'est vrai – il ne tomba pas en transe, pourtant –, *il tomba amoureux*... d'une possédée, d'Emawayish, la propre fille de Malkam, la prêtresse.

> « Gondar
> huttes de paille et de pierres
> dans des ruines s'écroulant en morceaux
> Des jours durant
> j'y fus amoureux d'une Abyssine
> claire comme la paille
> froide comme la pierre
> sa voix si pure me tordait bras et jambes
> À sa vue ma tête se lézardait
> et mon cœur s'écroulait
> lui aussi
> comme une ruine[1]. »

Durant son travail de terrain, l'ethnologue veillait pourtant à maintenir la distance nécessaire avec son objet d'étude. Il était présent, négociait les informations et les objets, connaissait les personnes d'assez près pour décrire leur existence, mais s'interdisait tout commerce personnel avec elles. Quant au poète, il était intérieurement travaillé par une langueur dont il ne parvenait pas à se délivrer. Espérait-il y parvenir par l'amour ? Par le rituel des *zars*, peut-être ?... Il y vint et y revint sans cesse, tous les jours, comme hypnotisé par le « visage de cire » de la belle Éthio-

1. ... Écrit-il en 1936, lorsqu'il repense à son séjour à Gondar. Michel Leiris, « La néréide de la mer Rouge », *in Haut Mal*, Gallimard, « Poésie », 1969, p. 133.

pienne. Et, le 27 décembre 1932, lors d'une séance de transe, il osa un geste, le premier… Ce sera le seul.

> « Rares épisodes érotiques de ce voyage : l'unique geste un peu déplacé que je me suis permis à l'égard d'Emawayish, lors de la première fête chez sa mère[1]… »

Il glissa sa main sous la robe de la jeune femme. Dans l'obscurité de la pièce réservée au rite, nul ne pouvait le voir. Il la toucha, il la caressa. En cet instant, il était débordé, hors de lui, fou de désir :

> « Et je me souviendrai toujours de l'entrecuisse humide – humide comme la terre dont sont faits les golems[2]. »

Emawayish ne resta pas insensible. Elle lui répondit aussitôt. S'emparant d'un tambourin, elle s'envola comme une gitane. Accompagnée par sa mère, elle commença à chanter. Bientôt dans l'antre surchauffé de la sorcière, s'élevèrent des chants d'amour. L'assistance en comprenait les paroles. Elle réagit à la scène avec plaisir, en battant des mains, en riant, certaine d'assister à la naissance d'une idylle. Abba Jérôme, l'interprète, était gêné. Il faisait mine de ne pas comprendre. À l'oreille de Leiris, il proposait des traductions rationnelles de ce qu'il savait demandes concrètes. Car, profitant du masque du rite, dites en vers et en rythme, ces chansons fixaient le coût de l'amour. Emawayish était-elle amoureuse

1. Michel Leiris, *L'Afrique fantôme*, 27 décembre 1932.
2. *Ibid.*, 27 décembre 1932, ajout d'avril 1933. On se souvient que, chez les juifs, le Golem est cette créature, faite de glaise, provisoirement animée par le nom de Dieu. Selon la légende, au XVIe siècle, le *Maharal* de Prague, Yehuda-Leib, aurait fabriqué un golem pour défendre sa communauté menacée. Mais c'est sans doute dans un sens plus générique que Leiris utilise le mot « golem », celui qu'il a par exemple dans la Kabbale, celui de matière brute et informe, promesse de vie…

de Leiris en cet instant ? Sans doute, mais à la façon locale. Quelles paroles improvisa-t-elle pour guider son galant ? Elle chanta sa pauvreté, sa solitude, son besoin d'aide. Elle clama son attachement aussi et surtout l'espoir, total, qu'elle plaçait dans cette amorce de relation amoureuse.

C'est à cet instant que l'histoire s'interrompit, que le rêve se dissipa, que les personnages que Leiris avait devant les yeux se muèrent en fantômes. À la lecture de son récit, des commentaires des ethnologues qui lui ont succédé sur ce même type de terrain, on se dit qu'il aurait pu plonger dans une folle passion. On en a vu d'autres ! J'en ai rencontré aussi, ailleurs, qui ont fixé leur amour de l'Afrique en une passion pour une belle Africaine... Il aurait pu se laisser prendre, par la femme ou par le rite. Il aurait pu pénétrer le continent mystérieux dans ses tréfonds, comme le fit sans doute Rimbaud, comme il arriva bien plus tard à Pierre Verger, qui poussa l'initiation jusqu'à devenir lui-même maître des esprits[1]. C'est ainsi qu'il serait peut-être parvenu à changer d'être, à se métamorphoser, à changer son monde en changeant de monde... Mais Leiris prit peur :

> « Je ne parle pas. À qui parlerais-je ? Je mange les grains qu'on me donne, bois le café qu'on me tend. Je regarde ces trois choses[2] : le carnet d'Abba Jérôme, le *péritoine du mouton*, le *genou nu* d'Emawayish, et sens plus que jamais mon irrémédiable isolement. »

1. Témoignage exceptionnel de sa connaissance des rites, sa collection de photographies que l'on contemple époustouflé par leur beauté, *in* Pierre Fátúmbi Verger, *Dieux d'Afrique*, Paris, Revue noire, 2002.
2. Souligné par moi.

Fou d'amour l'instant d'avant, il fut envahi par la honte. Plutôt que d'accepter la séduction, c'est-à-dire de supporter de se laisser détourner de son chemin, il se détourna de la femme et, d'un sursaut, échappa à l'inattendu qu'il attendait. Dans son journal, il a évoqué les trois « choses », les trois dimensions qui se présentèrent à lui à cet instant précis. La première, le carnet d'Abba Jérôme, où étaient consignées les minutes de son enquête, ces données qui allaient partir à Paris, pour être lues par son monde de référence, par son « patron », Marcel Griaule, par son épouse qui l'attendait là-bas, par son public, peut-être. Il est clair que le carnet représentait le regard de ceux qui l'observaient, ceux devant lesquels il ne pouvait que se censurer. Deuxième « chose », le péritoine du mouton qui venait d'être sacrifié pour le rite, ce morceau de viscère circulaire devenu calotte de peau sanguinolente que Malkam portait sur la tête. Le péritoine représente la partie la plus sauvage, la plus significative aussi, du rituel. Les ethnologues ont tenté par la suite d'en pénétrer la signification profonde[1]. Après avoir éviscéré la bête, nettoyé ses intestins, la sacrifiante a pris la panse, l'a retournée comme un gant et l'a posée sur le sommet de son crâne en guise de coiffure. C'est signe, dit-on, que l'esprit, le *zar*, a « chevauché sa monture », a pris possession de la femme. Troisième « chose », enfin, le genou nu de sa belle, le lieu où s'est fixé son désir. Voici donc les termes de sa perplexité : laisser aller le désir (le genou), accepter la possession (le péritoine), ou tout recouvrir par

1. Un point de la question dans Andras Zempleni, « Possession et sacrifice », *in Le Temps de la réflexion*, V, Paris, Gallimard, 1984, p. 325-352.

la censure (le carnet) ?... Telles étaient les voies qui se sont présentées à Michel Leiris en cet instant.

Il prit peur pour une autre raison, qu'il avouera plus tard. Emawayish était excisée, comme la plupart des Éthiopiennes à l'époque. Il imaginait qu'elle ne réagirait pas à ses caresses, qu'elle resterait de marbre. Il se souvenait des humiliations qui l'avaient meurtri jeune homme devant les échecs de sa virilité, ces humiliations dont il dressera de longues listes dans *L'Âge d'homme*[1]. À cette pensée, devant l'accueil sans ambiguïté réservé à son invite, Leiris se refroidit, peut-être aussi sous l'assaut de pensées paranoïdes... Que me veut-elle ? pensa-t-il, alors que c'était lui qui la voulait. Il se raidit, son esprit s'éloigna. Par la suite, il se tint à distance. Leiris a refusé la relation qu'il avait lui-même initiée, qui lui est apparue soudain fonctionnelle, mercantile. Leiris est français, européen ; il oppose l'amour et l'intérêt. L'Afrique n'est pas ainsi ! Là-bas, l'amour est toujours aussi intérêt. Emawayish ne comprit pas la reculade. Elle l'avait vu tantôt gonflé de désir et voilà qu'il lui opposait une froideur de bourgeois croisant dans une soirée mondaine la pensionnaire qu'il serra naguère dans un bordel. Elle tenta de ranimer la flamme, néanmoins. Vainement... Quelques jours plus tard, en pleine transe, elle se saisit de la main de Leiris et la plaça sous son aisselle, sur son cœur. Mais il ne réagissait plus. Il était déjà reparti. Entre les trois éléments qui s'étaient présentés à lui lors de

1. « Maintenant que je regarde ce journal avec sang-froid, je puis ajouter quelques précisions. Ce qui m'a toujours barré quant à Emawayish, c'est l'idée qu'elle était excisée, que je ne pourrais pas l'émouvoir et que je ferais figure d'impuissant... » Ajout de septembre 1933.

la séance du genou, il avait choisi le troisième : le carnet, l'écriture, c'est-à-dire la censure.

Sa perception du rituel des *zars* s'était aussi transformée. Les scènes avaient perdu leur relief ; les pensées s'étaient rabattues sur des interprétations triviales. L'image qu'il avait de la transe s'était ternie. La veille encore, dans ses moments d'enthousiasme, ce rituel lui semblait culte à Dionysos surgi du fond des temps. Les animaux sacrifiés, les poules, les coqs et les moutons, lui étaient panthères sur le Cithéron. Les Éthiopiennes vieillissantes aux seins usés par les grossesses lui semblaient Ménades échevelées, membres de congrégations divines, compagnes de Bacchus[1]. Castré par sa propre déconvenue, il s'est alors attaché aux faux-semblants du rite, insistant sur la capacité des adeptes à simuler la transe. Sa théorie s'est modifiée aussi, s'attachant à décrire la mise en scène et aboutissant sur une comparaison entre les *zars* et le théâtre. Les Atrides, échappés de l'Antiquité, qui le contemplaient naguère derrière leurs tambourins, sont devenus en un instant de pauvres gens dans la misère, seulement intéressés par l'argent qu'ils pourraient tirer de lui. Voici le portrait qu'il dressa d'Emawayish dans *L'Âge d'homme*, publié quelques années plus tard, en 1939 :

> « Très belle de visage, mais la poitrine ravagée, elle était engoncée dans une toge d'un blanc généralement plus que douteux, sentait le lait suri et possédait une jeune négresse esclave ; on aurait dit une statue de cire... Syphilitique, elle avait plusieurs fois avorté. Son premier mari était devenu fou ;

---

1. Pour l'analyse du culte de Dionysos Bacchus, voir Michel Bourlet, « L'orgie sur la montagne » paru dans *Nouvelle Revue d'ethnopsychiatrie*, n° 1, 1983, p. 9-44, l'un des meilleurs textes jamais écrits sur les rituels de possession.

le plus récent, à deux reprises, avait voulu la tuer… Ayant fait tuer un bélier blanc et feu pour un de ces génies, je la vis ahaner sous la transe – en plein état de possession – et boire dans une tasse de porcelaine le sang de la victime coulant tout chaud de la gorge coupée[1]. »

Manifestement, le charme a été rompu ce soir de décembre 1932. Où a disparu l'Abyssine de ses rêves ? Emawayish restera à jamais la chance ratée de Leiris, la route vers Rimbaud qu'il n'aura pas osé emprunter. Mais, plus que l'amour, c'est la métamorphose qu'a manquée Leiris ; la transe qu'il n'a pas vécue, l'initiation qu'il n'a pas reçue – et qu'il a en revanche parfaitement décrite[2]. On peut penser qu'il ne pouvait pas… Peut-on à la fois entrer en transe et en faire la théorie ? Aussi peu sans doute que décrire l'orgasme au moment où on le vit…

De la nature des esprits

Les *zars* sont des esprits, des êtres invisibles. Le langage me trahit. En français, ma phrase tombe à plat. Dans les langues sémitiques, en arabe, en hébreu, en amharique, la langue que parlent les Éthiopiens du Gondar, le mot *zar*

1. Michel Leiris, *L'Âge d'homme*, p. 199, ou bien, dans *L'Afrique fantôme*, lorsqu'il note déjà qu'Emawayish est destinée à devenir, comme sa mère, la vieille sorcière, « un vieux clown, une vieille grognasse à échappées sublimes », *op. cit.*, p. 590.
2. Michel Leiris, *La Possession et ses aspects théâtraux chez les Éthiopiens de Gondar*, Paris Plon, 1958. Réédition précédée de *La Croyance aux génies zâr en Éthiopie du Nord*, Paris, Le Sycomore, 1980.

signifie littéralement l'« étranger », l'« autre ». En hébreu *guer*, en arabe *gher*, en amharique *zar*… ces êtres traversent les pays où l'on pratique ces langues, l'Éthiopie, le Soudan, l'Égypte[1]. Sans doute est-ce à partir de ce dernier rivage que les *zars* ont filé le long des côtes de la Méditerranée jusqu'au Maroc où on les appelle aussi quelquefois d'un autre nom, *mlouk*, les « propriétaires », dans les rites des Gnaoua[2]… En arabe le mot *zar* est très proche d'un autre, *zayar*, qui signifie le « visiteur », celui qui accomplit la *ziara*, la « visite ». Et voilà qu'une chaîne de sens apparaît, qui éloigne de la tentation de substantialiser les esprits, les diables et les démons. Restant au plus près des langues, on pourrait hasarder une définition : le *zar*, l'étranger qui vient nous visiter, est en vérité notre « propriétaire ». Il ne s'agit donc pas d'« esprits », au sens où nous, modernes, les pensons – c'est-à-dire des personnages légendaires, extraits plus ou moins artificiellement de je ne sais quelle mythologie. Là, les *zars* sont à la fois concepts (l'« étranger », le « visiteur », le « voisin », le « propriétaire ») et êtres du quotidien. On les croise chaque jour, à chaque moment. Ils dessinent l'envers, cette autre face du monde des humains.

Les *zars* sont à la fois êtres et concepts. Concepts philosophiques certes, mais doués d'une vie autonome, d'intentions, ils sont la *manifestation sensible de l'altérité*. Bien loin de là, nous autres, modernes, identifions le concept avec l'idée ; pour nous, il ne peut être autonome. Il a besoin d'humains pour le penser. Si nous admettons qu'il existe des « autres »,

---

1. Et maintenant en Israël, avec les Falachas, pour la plupart originaires de Gondar.
2. Abdelhafid Chlyeh, *Les Gnaoua du Maroc. Itinéraires initiatiques, transe et possession*, Grenoble, La Pensée sauvage, 1997.

des étrangers, c'est seulement une façon de penser certaines caractéristiques de « semblables[1] ». J'en veux pour preuve ces discussions des philosophes qui remettent en cause jusqu'à la notion d'étranger. Pourquoi les dit-on étrangers ? Le concept se diffracte, se dilue. Bientôt ils iront penser que le sujet est étrange à lui-même, tel Rimbaud écrivant, dans *Une saison en enfer*, que « Je est un autre ». Pas si étrangers que soi, au fond, puisque le plus étrange à soi-même est le « je ». Ils se risquent à des paradoxes : « L'étranger est à l'intérieur », proposent-ils. Freud se prévaudra d'avoir montré que l'homme n'était pas propriétaire dans sa propre maison, jouet d'un autre tapi en son sein, qu'il nomme l'« inconscient ». Plus tard, il empruntera une métaphore cavalière. Le « moi » est comme un enfant juché sur un énorme cheval. L'enfant a l'impression d'en tenir les rennes, mais le cheval, c'est-à-dire le « ça », avance à sa guise. Devenu métaphore, le mot « étranger » a perdu sa signification première, à moins de le resituer dans son cadre juridique. Dans ce cadre, est étranger celui qui n'a pas la même nationalité que moi. Point. Le débat est clos. Les modernes n'ont pas d'étrangers, au sens propre. Ils ne connaissent que des semblables qui habitent ailleurs. À l'inverse, le *zar*, l'« autre » de la pensée éthiopienne, intervient dans la vie des hommes à son initiative. Il assaille un humain sans crier gare. Il n'est pas pensée, mais événement ! Il n'est pas fantasme, mais action. Altérité radicale des humains, ces derniers lui attribuent leurs négativités. Les maladies, les malheurs, la

1. Voir les outrances, y compris politiques, auxquelles de telles idées peuvent conduire : Walter Benn Michaels, *La Diversité contre l'égalité*, Paris, Raisons d'agir, 2009.

malchance, les accidents sont en général interprétés comme l'expression de la colère des *zars*. Ils sont donc à la fois explications et mystères. Nous pressentons l'existence d'une philosophie différente, qui admet que les concepts peuvent aussi être vivants, qui se manifestent par les épreuves qu'ils imposent aux humains. Êtres complexes, mais concepts du quotidien, incarnés dans les douleurs des humains, ils contraignent à l'établissement de liens.

Michel Leiris ne s'y trompe pas. Il sait que les *zars* sont légion. Il ne va pas jusqu'à les identifier à des concepts, malgré tout, mais il note leur grand nombre, une infinité... peut-être autant que les mots, que leurs noms. Il remarque que si certains *zars* sont identifiés depuis des générations, ceux qu'on reconnaît à leur danse, à leurs gestes, à leur voix, à leur accoutrement, que l'on sait nommer sans hésiter, il en existe de nouveaux, qui apparaissent au gré des événements – comme les mots, disais-je. On ne devrait pas s'en étonner puisque *le zar est l'étranger « en présence » – Ya 'hadrat*, « ô, votre présence ! », dit-on en arabe, là où nous dirions plutôt « votre majesté ». Et *'hadra*, ce même mot, « présence », désigne la transe de « possession ». Les nouveaux *zars*, quant à eux, ceux qu'on ne connaissait pas, surgissent dans les lieux où l'on peut croiser des inconnus, des étrangers, précisément, aux carrefours, dans les marchés, dans les gares, dans les hôpitaux.

Une fois la présence de l'être attestée, le possédé s'affuble souvent de parures, de vêtements, d'objets, signant son identité. Leiris compare ces objets aux masques du théâtre antique, permettant à l'acteur de disparaître derrière le personnage. Mais s'il existe des *zars* connus, répertoriés, mettant en scène une obscure *commedia del l'arte*, il en apparaît de nouveaux, qu'on reconnaît à des accessoires issus de la modernité : chapeau de Blanc, fusil du colon, stylo de l'enseignant. L'étymologie aurait dû le mettre sur la voie, le *zar*, ce n'est pas la tradition, c'est l'« étranger » !

J'aimerais les décrire, mais est-ce seulement possible ? Le seul fait d'exprimer leur réalité dans le cadre de ma pensée dissout jusqu'à leur existence. Si je racontais qu'ils sont invisibles, que, tout comme les humains, ils ont un sexe, mâle ou femelle, qu'ils fondent des familles, qu'ils ont une religion[1]… insensiblement, le lecteur glisserait vers du discours mythologique. Il imaginerait que je lui conte une légende. Aussitôt, lui viendraient à l'esprit les récits des *Mille et Une Nuits*, les êtres composites des mythes grecs ou mésopotamiens, de la statuaire de l'Égypte antique, des Hydres, des Centaures ou des Sphinx… La spécificité des *zars*, leur présence lui échapperaient inexorablement. Je les pressens à la douleur que j'éprouve ; je chante et danse pour les convoquer ; leur présence est une solennité qui me jette à terre… précisément ce que l'on nomme « tomber en transe »… – car ce sont avant tout des « êtres-là », des *'hadarat*.

Ils entrent certes dans des récits à la construction naïve… L'humain a piétiné leur culture ; a versé sans prêter garde un liquide bouillant sur leur demeure, déclenchant ainsi leur courroux… Ou bien il a ignoré leur appel, a tardé à leur rendre le culte qu'ils exigeaient de lui. Or, en arrière-fond, demeure une question, lancinante, la première : pourquoi ? Qu'est-ce que le *zar* attend de l'humain ? Que lui arrive-t-il lorsqu'il quitte sa vie de *zar*, ses attachements,

1. Ce que l'on dit souvent dans ces pays…

qu'on dit semblables à ceux des hommes, pour s'aventurer dans nos villages et nos maisons ? Le seul moyen d'élucider quelque peu ce mystère est d'observer la scène, comme Leiris le fit en 1932, comme bien d'autres le feront après lui.

En contrepoint de la transe que Leiris n'a pas vécue, voici celle d'une femme qui en a tiré bénéfice. La survenue d'un *zar*, je le disais, se manifeste en général par une maladie. Voici cette femme devenue irascible. Elle cherche sans cesse querelle à son mari, l'accuse, exerce même des violences. Il réagit, bien sûr, la rabroue, la repousse. Elle plonge alors dans un état de langueur, une sorte de tristesse. La nuit, elle ne dort pas, gigote sur son lit, attendant le sommeil. La journée, elle ne trouve plus d'intérêt à ses occupations habituelles, ne s'active plus à la cuisine, néglige le soin aux enfants. On dirait que sont perturbées les fonctions qui assurent la relation entre l'intérieur et l'extérieur. Elle ne se nourrit plus, ne parle plus guère, ne sourit plus, ne recherche pas la compagnie de ses amies ou de sa famille. Et, naturellement, elle refuse tout commerce sexuel avec son époux. Tableau d'une sorte d'état dépressif, dans un univers où l'on ignore la dépression, où le lien est permanent, où l'isolement d'une personne est quasiment impossible, excepté à la toute fin de la nuit, juste avant le chant du coq, entre 3 et 5 heures du matin.

Quelque vieille femme viendra poser la question : « Que lui arrive-t-il ? Est-elle malade ? Ne s'agit-il pas d'un *zar* ? » On la conduira, sans doute récalcitrante, auprès d'une prêtresse, une maîtresse des *zars*, telle la Malkam Ayyahou de Michel Leiris. Le diagnostic s'opère toujours par essais et erreurs. On présente à la malade les objets, les odeurs, les couleurs, les musiques, les chants que l'on sait plaire à certains *zars*. Voici une maîtresse des *zars* soudanaise, spécialiste des parfums. Pour diagnostiquer la famille à laquelle appartient l'esprit, elle se livre à l'« ouverture de sa boîte[1] ». Des boîtes, elle en possède un certain nombre, quelques dizaines, où sont enfermés des encens, les parfums-blasons d'un groupe de *zars* – parfums complexes, au demeurant, combinaisons d'essences élémentaires, telles que *al mistika*, sorte de résine parfumée, la myrrhe, le bois de santal, le camphre, la branche de liquorice, le benjoin, l'extrait de cerise de Perse[2]... Elle encense sa patiente, des différents parfums, elle lui présente aussi les couleurs, des étoffes, des foulards, qu'elle passe devant ses yeux, dont elle lui entoure la tête. Elle se saisit du tambourin et initie des rythmes, aussitôt repris par les joueurs de tambour qui l'assistent. Là aussi, il s'agit de séquences caractéristiques, chacune étant connue pour être la propriété d'un *zar*.

À un certain moment – à une certaine odeur, en réaction d'un rythme ou des paroles d'un chant –, la malade est « prise ». Le balancement se fait insistant, l'oscillation devient rythme, la tête tourne de droite à gauche, ou bien le buste d'avant en arrière. Elle est prise de tremblements frénétiques. Elle se lève, grogne, bave, roule des yeux. Ce n'est plus elle qui bouge, elle est bougée ; ce n'est plus elle qui danse, on la danse. Elle est poussée, bousculée. On dit qu'elle « tombe ». C'est alors qu'arrive le moment le plus intense de la cérémonie : le sacrifice. On égorge l'animal,

---

1. En arabe : *fatih el 'ulba*.
2. Sadok Abdessalem, *Le Visiteur et le Voleur : confrontation entre deux systèmes thérapeutiques au Soudan (région de Gazira)*, thèse pour le doctorat d'anthropologie et d'ethnologie, université Paris-VII, 1993.

parfois une poule, parfois un mouton ou même un bœuf. Lorsqu'il s'agit d'une poule, la malade boit le sang à même l'entaille. Si l'animal est plus volumineux, les auxiliaires de l'officiante se précipitent pour recueillir, dans des verres, des casseroles, des bassines de plastique, le sang qui gicle par pulsations de la carotide tranchée. On mélange le sang du sacrifice au parfum-blason du *zar* et la femme le boit, comme le fit l'Emawayish de Leiris dans une tasse de porcelaine. Puis on interroge l'esprit, on lui demande de se nommer. Il arrive qu'il accepte de révéler son nom par la bouche de l'humain. Sinon, la prêtresse décidera de son identité.

Voilà résumée la dynamique de la rencontre. Au début, c'était une femme, seulement femme, assaillie de problèmes comme en rencontrent partout les humains, avec son époux, sa famille, ses enfants. À l'issue de la cérémonie, elle est accouplée à un être, à la fois invisible et puissant, le *zar*. *'Hadra*, « présence », c'est ainsi, comme nous l'avons vu, qu'on désigne en arabe ce type de cérémonie[1]. Car le *zar* s'est fait présence. Mais où se trouve l'être au moment de la transe ? *Il est dessus* (on dit qu'il « monte » la femme, comme le cavalier sa monture[2]) ; *il est autour*, il l'enveloppe, il est partout, il occupe tout l'espace de son monde ; *il est dedans*, puisqu'il répond de l'intérieur, par sa voix, de son ventre, puisqu'il en devient « propriétaire ». Alors, on peut gloser sur la limite de l'identité de

1. Ce que nous appelons « possession » en français. Force est de reconnaître que le mot « possession », chargé de sa mythologie moyenâgeuse, échoue à restituer la complexité du dispositif. L'événement qui se produit là est bien une présentification.
2. C'est aussi ce que l'on dit en Haïti, durant le vaudou, au Sénégal, durant le *N'dop*, au Mali au cours d'un *Djinnadon*, etc.

l'un et de l'autre, de la possédée et de l'esprit (et on l'a fait[1] !), l'essentiel est qu'ils sont bien deux, deux êtres, l'humain et le non-humain, soi et l'autre, le visible et l'invisible, le familier et l'étranger, unis de tant de manières, passant de la superposition, de la confusion des identités au prodige d'une rencontre endiablée. Le rituel dans sa complexité consiste à les distinguer d'abord, à les laisser se confondre ensuite, jusqu'à les fondre. Avant la cérémonie, on voit la femme, pendant, on voit le *zar*, après la cérémonie, on ne sait plus si on a affaire à l'un ou à l'autre.

De la nature du lien qu'on établit avec les esprits

L'existence d'un « autre » véritable, qui n'est pas un semblable, une pulsion incoercible vers lui qui se manifeste comme une maladie, une rencontre passionnée, « sauvage », l'installation d'un lien qui alterne fusion et manifestation d'identité... Le tableau est complet ; la similitude saute aux yeux.

'Hadra, *la « présence », cette passion que l'on éprouve à son corps défendant pour un autre d'un autre monde, est le prototype de l'état amoureux.*

1. Où commence l'un, où finit l'autre ? Voir la belle réflexion de Luc de Heusch, *La Transe et ses entours : la sorcellerie, l'amour fou, saint Jean de la Croix, etc.*, Paris, Complexe, 2005. Et l'élaboration éclairée de Catherine Clément, *L'Appel de la transe*, Paris, Stock, 2011.

Comme lui, elle provient du dehors et non pas de soi. Comme lui, elle est une incarnation. S'incrustant dans le corps, elle impose son existence par des sensations. Comme lui, elle expulse la personne de son égoïsme et devient intérêt exclusif pour l'autre. Comme lui, elle métamorphose la personne, devenue après le moment inaugural de la première transe, une *adepte à vie.*

Reprenons maintenant l'histoire de cette malade soignée par la guérisseuse soudanaise, à la lumière de ce constat. À l'issue de la cérémonie durant laquelle elle était devenue, le temps du rituel, l'« autre » qui l'avait investie, elle redevient elle-même. Les adeptes, les spectateurs, les passants ont assisté à une définition mutuelle d'identités. Ils l'ont vu accueillir l'autre jusqu'à se fondre avec lui. À l'issue de la transe, elle est plus encore elle-même d'avoir été l'« autre ». C'est la clé ! Clément Rosset, parlant des amoureux énonce ce même paradoxe :

> « L'intercession de l'amour n'aboutit pas à faire don de soi à l'autre, mais à retrouver un soi à la faveur de l'autre[1]. »

Maladie

Arrêtons-nous sur cet instant de la première transe, de la « chute ». Elle souffre d'abord – car, comme dans la passion amoureuse, tout commence par une maladie. Traînée chez la guérisseuse, elle éprouve des sensations, des angoisses, sans doute, de la colère, aussi. Rétive, elle est

---

1. Clément Rosset, *Loin de moi. Étude sur l'identité*, Paris, Minuit, 1999.

encore entière, inentamée. Elle veut le rester. Douleur et maladie la contraindront à lâcher prise. Qui veut rendre quelqu'un amoureux doit commencer par le rendre malade. L'amour devra apparaître comme la résolution du problème, sa guérison.

Foudre

Arrive le moment de la rencontre. Elle est comme foudroyée – et ce n'est pas qu'une métaphore. C'est l'instant. Elle est prise, emportée dans une tourmente affective. Elle résiste ; dans un dernier sursaut, elle veut rester elle-même, indivise, individu, maîtresse de son désir. Elle tournoie, se cabre et après être « tombée », essoufflée, tremblante, finit par se soumettre. Cet instant inouï, où le corps est totalement articulé avec l'âme et où, pourtant, l'autre prend naissance, nous pouvons le nommer. Tant dans le rituel de transe que dans la passion amoureuse, on l'appelle *coup de foudre*.

Noms

On lui présente alors l'« autre ». On lui désigne *son zar* – car désormais, c'est le sien – par son nom. Durant leur longue cohabitation – qui dure en général toute la vie –, elle découvrira son caractère, ses intérêts, ses attributs, les substances qu'il exige, les sacrifices qu'elle doit lui consentir. Il deviendra progressivement l'autre face d'elle-même.

Ce lien possède toutes les caractéristiques du mariage. D'ailleurs les adeptes ont bien du mal à conserver leur mari véritable, sauf à bien distinguer les mondes, réservant certaines nuits de la semaine (le lundi et le jeudi par exemple) à leur compagnon invisible et le reste à l'autre[1]. Dans les procédures pour rendre amoureux, nous le verrons plus loin, les noms occupent une place primordiale. Je ne crois pas qu'il existe d'objets actifs qui ne comportent le nom de la cible.

Générosités

En échange de ce don d'elle-même, les capacités de la femme ont été décuplées. Elle pourra s'adresser à son esprit pour lui demander de la guider. Dans les moments difficiles de sa vie, elle saura toujours choisir. Ce ne sera plus elle qui décidera de sa conduite, mais l'« autre ». Elle pourra aussi lui demander des conseils pour d'autres personnes. Peut-être deviendra-t-elle voyante ou même guérisseuse. Peut-être finira-t-elle par être à son tour maîtresse des esprits. *Désormais ouverte à un « radicalement autre », on la suppose susceptible de comprendre ses « semblables »*. Voilà une autre clé permettant de comprendre comment la maladie est, dans ces mondes, l'initiation obligatoire des docteurs.

1. Jorge Amado en a fait un roman célèbre : *Dona Flor et ses deux maris*, Paris, J'ai lu, 2012.

Rendez-vous

Après le moment initial, ce coup de foudre, cette déflagration physique et mentale qui l'a traversée en public, les rencontres avec son esprit deviendront régulières. La grande cérémonie collective que j'ai décrite, se reproduira à intervalles réguliers, peut-être une fois l'an. Mais elle assistera à celles qui seront consacrées à d'autres malades au cours desquelles elle tombera à nouveau. Avec le temps, la frayeur du premier instant se dissipera. Liée à lui, habituée à ses demandes, son *zar* lui fera de moins en moins peur. Mais elle ne devra pas l'oublier. D'ailleurs, lorsque les rencontres s'espacent trop, elle souffre à nouveau, comme au tout début, parfois jusqu'à en être malade, de cette même maladie. C'est pourquoi on lui aménagera aussi d'autres rencontres, plus intimes, comme ces nuits où, vêtue de blanc, elle couchera seule. On sait qu'elle sera visitée par l'esprit.

État instable par nature, la « présence » ne peut se pérenniser qu'à condition de programmer des crises sous forme de rendez-vous, depuis les grandes cérémonies jusqu'aux visites nocturnes.

Sexe

La connotation sexuelle ne pouvait échapper à Michel Leiris qui sortait de cinq ans de psychanalyse. Il note que les mouvements rythmiques de la transe, qu'en Éthiopie on appelle le *gurri*, au cours de laquelle l'adepte est montée par le *zar*, semblent une relation sexuelle avec un partenaire invisible[1]. Lorsqu'elle couche seule, elle est réputée recevoir son amant de la nuit, qui la saisira en incube[2]. Cependant, la question sexuelle me semble secondaire – je veux dire que si la sexualité prend une part à la rencontre, c'est au même titre que toutes les capacités relationnelles. De même ne peut-on prétendre que la passion amoureuse traduit seulement un désir sexuel. Il n'est certes pas de passion sans sexualité – mais elle est moyen au service de la fusion, toujours insuffisante pour surmonter le manque, sauf durant les brefs moments d'extase. Charcot et son « hystérie », Freud et ses « conversions », qui pensaient tous deux que la sexualité expliquait la transe, se posaient la question à l'envers. Ce qui est premier, c'est la rencontre incroyable avec l'« autre », d'un autre monde, d'une nature radicalement distincte. Le rituel éthiopien réalise une association d'un humain avec un esprit. En toute logique, une telle rencontre ne peut se dérouler que sous le signe de la fusion où l'un prête à l'autre son être au monde et l'autre gratifie le premier de ses qualités. Car on ne peut saisir une altérité radicale qu'en se confondant avec elle, en l'éprouvant par ses sens.

1. De même Georges Devereux (« Transe et sexualité », *in Les Corps à prodiges*, Paris, Tchou, 1977) insiste-t-il lourdement sur l'arrière-fond sexuel de la transe. Elle n'est ni sexuelle ni antisexuelle. La transe se donne tous les moyens de la confusion, la sexualité en étant l'un des plus manifestes.

2. « Le cas le plus normal de possession par les zars est celui d'une femme par un esprit mâle. Il y a des rapports sexuels imaginaires. Il n'est pas rare que, des maisons voisines, on entende une femme qui couche seule prier, suppliant l'esprit qui vient la visiter de la laisser, de cesser de la faire souffrir à force de la besogner. L'homme qui est pris par un zar femelle a des pollutions diurnes et nocturnes, ne peut plus avoir de rapports avec aucune femme réelle, tant il est épuisé », *L'Afrique fantôme*, p. 583.

C'est pourquoi nous pouvons affirmer que *la transe, présentification de l'altérité, est le prototype de la passion amoureuse.* Dans des univers où de telles transes de convocation des invisibles sont possibles, dans toute l'Afrique, assurément[1], dans les populations d'origine africaine, au Brésil, en Haïti[2], aux Antilles, dans une grande partie du Maghreb, encore, en Inde dans les temples musulmans, en Malaisie, en Indonésie… la passion s'éprouve avant tout dans une relation avec un esprit. Dans nos univers modernes, en Europe, où les dernières traces des cultes de Dionysos ont disparu il y a peu ; où on a assisté à l'agonie des restes de tarentelle, étouffée sous l'afflux des touristes, des journalistes et des ethnologues, dans un petit village des Pouilles[3], il ne reste plus que l'amour. En un mot : la transe est première. La passion s'est d'abord exprimée pour des invisibles ; ce n'est qu'ensuite, bien plus tard, durant le premier millénaire avant notre ère, dans nos civilisations, qu'elle est venue investir les humains. Michel Leiris a beau faire, c'est un

1. Pour le *N'dop*, la référence incontournable est la thèse de Zempleni, *L'Interprétation et la thérapie traditionnelle du désordre mental chez les Wolof et les Lébou du Sénégal*, thèse pour le doctorat de troisième cycle, Paris, Sorbonne. Pour le *djinnadon* au Mali, le livre de Jean-Marie Gibbal, *Les Génies du fleuve*, Paris, Presses de la Renaissance, 1988. Pour le culte des *zars* en Éthiopie, le texte précurseur de Leiris de 1938, *La Possession et ses aspects théâtraux chez les Éthiopiens du Gondar*, *op. cit.* Pour l'étude des *zars* au Soudan, la thèse de Abdessalam, *Le Voleur et le visiteur*, *op. cit.* Pour les Gnaoua du Maroc, le livre de Chlyeh, *Les Gnaoua du Maroc*, *op. cit.* Et, pour un texte de synthèse sur la relation avec les *djinns*, Tobie Nathan, *Du commerce avec les diables*, Paris, Les Empêcheurs de penser en rond, 2004.

2. Là, le texte de référence est évidemment celui d'Alfred Métraux, *Le Vaudou haïtien*, Paris, Gallimard, 1958 et, pour le Brésil, celui de Roger Bastide, *Le Candomblé de Bahia, rite Nagô*, Paris-La Haye, Mouton, 1958.

3. À Catanzaro. Voir surtout Ernesto de Martino, *La Terre du remords*, dans la belle édition des Empêcheurs de penser en rond, *Œuvres*, tome 1, Paris, 2003.

« moderne ». Lui, qui recherchait une thérapie radicale, une métamorphose l'extirpant de son mal-être, malgré son assiduité au culte de Malkam Ayyahou, attendant la transe, ne parvint qu'à tomber amoureux. Son monde intérieur a bien été envahi par « un autre », mais il n'était pas susceptible d'accueillir un invisible. Il n'était nul endroit en lui pour un autre à l'étrangeté radicale. Le *zar* ne put descendre – où aurait-il pu se poser ? En Leiris, il existait à peine la place pour une femme. Et lorsqu'elle lui apparut, cette femme, seulement femme, avec ses intérêts, humains (trop humains ?), le voilà qui prit peur et s'en détourna.

Nous avons engrangé quelques connaissances. Nous savons maintenant que les sensations paradoxales de la passion amoureuse, la pulsion incoercible vers un autre, la sensation d'être comme téléguidé par des forces qui proviennent d'ailleurs, la recherche, toujours insatisfaisante de la fusion... toutes ces sensations accompagnent de manière identique, un rite lointain, nimbé de mystères, mal connu, même s'il a souvent été décrit par les ethnologues. Jusqu'alors, on l'appelait « transe de possession ». Me tenant près des concepts de ses usagers, je lui ai préféré le terme « présentification ».

Confronté aux deux réalités, celle de la présentification des êtres et celle de la passion amoureuse, Michel Leiris, ne put, ne sut « entrer en transe ». Il ne parvint pas à offrir la présence à un invisible.

La passion amoureuse est bien la transe des mondes sans dieux.

Les dieux

« Je te frappe sur la tête, perturbant ton esprit
Que ma volonté soit ta volonté
Que ma décision soit ta décision
Je te possède comme Ishtar a possédé Dumuzi
Comme la bière attache celui qui la boit
Je t'ai attaché avec ma bouche chevelue
Avec mon vagin ruisselant de liquide séminal
Avec ma bouche qui salive
Avec mon vagin ruisselant de liquide séminal
Aucune rivale ne se mettra entre nous. »

Incantation pour une femme souhaitant que l'homme qu'elle désire tombe follement amoureux d'elle. (Règne d'Ishme-Dagan, 1974-1954 av. J.-C.[1].)

La passion amoureuse est donc un culte rendu à l'altérité, tout comme les transes de possession sont des passions amoureuses adressées à des non-humains. Nous connaissons un grand nombre de rituels comparables à celui des *zars* d'Éthiopie dans l'aire africaine. Ces cultes ont survécu jusqu'à nos jours, au Sénégal (*N'dop*), au Mali et en Guinée (*Djinnadon*), au Maghreb (*Gnaoua, Hamadcha*). Ils sont en

1. *In* Véronique Grandpierre, *op. cit.*, p. 191.

général accueillants, y compris aux étrangers au groupe culturel, aux Européens, par exemple. Des anthropologues y ont assisté, parfois même participé. C'est pourquoi nous possédons un grand nombre de documents, des monographies, des films, des analyses, aussi. Le même type de cultes se retrouve outre Atlantique, en Haïti (*Vaudou*), au Brésil (*Candomblé, Macumba*), à Cuba (*Santeria*). Chaque fois, il s'agit d'une organisation rituelle permettant de lier, comme on l'a vu plus haut, un être humain et un esprit, *zar, rab, djinn, loa, orisha*... Le contrat implicite est en général un échange d'attributs. L'humain offre à l'esprit ce qui lui manque et ce à quoi il aspire, l'incarnation et le culte ; l'esprit donne en échange une part de pouvoir secret (capacité de divination ou de guérison). Or ce contrat est souvent ambigu, bourré de faux-semblants et le commerce mystique avec les invisibles n'est en général pas dépourvu de roublardise. Il est facile aux esprits de tromper les humains qui ne peuvent ni les voir ni s'en saisir. Toutefois, les humains, surtout ceux qui, du fait de leur longue pratique, ont acquis l'expérience des esprits, savent y répondre par des pièges et des artifices. L'histoire de la lampe d'Aladin dans les *Mille et Une Nuits* en est une illustration parfaite. Aladin trompe son maître et s'approprie la lampe. Le génie trompe Aladin pour être libéré de sa prison. Le maître trompe la femme d'Aladin pour récupérer la lampe. Et ainsi de suite... Tous les récits de relation aux esprits sont histoires de subterfuges et de tromperies. Il est clair que les rapports avec les esprits ne se déroulent pas dans l'ordre de la vérité, mais dans celui du commerce et de la finasserie. C'est ainsi que les cultes sont des tentatives de lier les esprits, de les soumettre avec les objets qui s'y trouvent, des pièges, faits de labyrinthes, d'énigmes et de paradoxes[1].

Il me semble que c'est de cette relation complexe avec les invisibles, faite de respect et de manipulation, d'amour et d'instrumentalisation réciproque, que sont nées les techniques destinées à déclencher la passion amoureuse. Le raisonnement implicite est simple à reconstituer. Puisqu'il est possible d'établir par des actions rituelles des liens passionnels indissolubles entre divinités et humains, il est donc aussi possible de fabriquer de tels liens entre deux humains, à condition de s'associer avec ces diables, ces démons, ces dieux spécialistes de l'amour.

À la question posée d'emblée, qui n'a peut-être soulevé qu'incrédulité – peut-on rendre une personne passionnément amoureuse d'une autre ? –, nous pouvons proposer une première réponse qui, pour l'heure, provient de temps très anciens. *C'est possible, oui, mais avec l'aide de divinités spécialisées !*

1. L'atmosphère de peur, de jeu et de tromperie est particulièrement bien rendue dans le beau film de Charles Najman, *Les Illuminations de Madame Nerval* (1999), où on voit se déployer le travail tout en finesse d'une *Mambo*, une prêtresse vaudou haïtienne, la plus célèbre de Jacmel, une petite ville du sud de l'île.

Inanna-Ishtar

L'histoire commence à Sumer, affirmait Kramer[1], considérant que c'était en cet endroit, au IVe millénaire av. J.-C., que l'on inventa la ville, la roue, l'écriture (cunéiforme), le tour du potier et le travail du bronze. C'est aussi en cet endroit que, à partir de la ville d'Uruk, débuta le règne de la déesse Inanna, celle de l'amour et de la guerre. De l'amour, elle l'était totalement, maîtresse du désir dans son aspect absolu, incoercible, qui s'empare des humains, des animaux et des plantes. Inanna désire et les hommes ne peuvent que se soumettre ou mourir. De la guerre, elle l'était tout autant, maîtresse de la puissance brute, qu'elle savait transmettre à qui l'honorait. Ses attributs étaient donc multiples, l'arc, l'arc-en-ciel, la pyramide (ziggurat), l'étoile à huit branches (la planète Vénus), la tourterelle, la vache, le lion, le palmier et, surtout, ce qui nous intéressera plus particulièrement ici, la grenade[2]. Sa séduction était irrésistible. Les récits mythiques la décrivent passionnée, tendue, prenant toujours l'initiative de la relation sexuelle. Le seul qui lui ait résisté, refusant de l'épouser, fut Gilgamesh, le héros civilisateur, qui en connaissait les dangers. Car son amour, trop intense, se révèle souvent funeste. La plupart de ses amants en ont été

1. Samuel Noah Kramer, *L'Histoire commence à Sumer*, Paris, Flammarion, « Champs Histoire », 2009.
2. La grenade, qui est avec la pomme, le fruit des magies d'amour. Véronique Grandpierre, *op. cit.*, p. 42.

anéantis[1]. Inanna est déesse du désir, pas du mariage. Elle est feu, elle est force, elle est tension. Son temple est parfois désigné par un mot qui signifie aussi la « taverne » ou le « bordel ». Ses prêtresses étaient probablement des prostituées sacrées. On lui avait donné le titre de *hiérodule*, « prostituée surnaturelle ». Uruk, dont elle est la patronne, est considérée comme la ville des courtisanes et du plaisir. Sa présence est souvent à l'origine de catastrophes naturelles : orages, épidémies, crues dévastatrices. À l'inverse, lorsqu'on parvient à se l'associer, elle donne la victoire à ses fidèles et protège le pays et son roi. C'est ainsi que, dans les inscriptions royales, elle est la « vierge belliqueuse », la « dame de la bataille et des combats »[2]. C'est une femme, bien sûr, plus que cela, l'essence de la féminité, dans ce qu'elle a de plus offensif. Pourtant, elle peut aussi apparaître avec une barbe – c'est ainsi qu'on la représentait à Babylone –, androgyne, comme sa planète, Dilbat (Vénus). C'est qu'il ne lui manque rien ; c'est qu'aucune force ne lui est étrangère. Elle est puissance instinctuelle ; non pas bisexuelle, mais sexe. Son contact définit le genre de celui qu'elle approche. Elle est aussi considérée comme la protectrice des travestis, des homosexuels, des eunuques, signifiant par là que tout désir mérite son incarnation.

Nous peinons à saisir les implications culturelles et tout simplement logiques d'une divinité qui se présente, on l'a

1. « Non ! Je ne te prendrai pas pour épouse !… Pas un de tes amants que tu aurais aimé pour toujours ! Pas un de tes oiselets qui aurait échappé à tes pièges. Dois-je te réciter le sort funeste de tes amoureux ? » C'est ainsi que Gilgamesh se dérobe aux séductions d'Inanna en lui déroulant la liste des amants qu'elle a anéantis. *In* Jean Bottéro, Samuel Noah Kramer, *L'Érotisme sacré à Sumer et à Babylone*, Paris, Berg International Éditeurs, 2011, p. 148.
2. Véronique Grandpierre, *op. cit.*, p. 44.

compris, comme une pulsion – plus encore, la pulsion par excellence, l'énergie, dirions-nous aujourd'hui. On comprend dès lors qu'elle était de l'amour et de la guerre, tous deux nécessitant l'énergie de l'instinct. Il existe un autre malentendu qui pourrait nous empêcher de saisir le génie propre d'Inanna. Il semble que, pour la culture de Sumer, la sexualité était considérée, non comme une pulsion à dompter pour accéder à la civilisation, mais comme une force civilisatrice en soi.

Pour preuve, la belle histoire d'Enkidu, compagnon de Gilgamesh, qui avait grandi comme un primitif dans la steppe auprès des bêtes sauvages, au point qu'il les protégeait. Du coup, les chasseurs rentraient toujours bredouilles. Effarés par son caractère arriéré, les dieux décidèrent de l'extraire de la barbarie dans laquelle il se complaisait. Gilgamesh, le roi d'Uruk, le héros civilisateur, conseilla à ses hommes de se rendre dans la forêt de cèdres, accompagnés d'une femme *harimtum*. Le mot *harimtum* provient du verbe *haramu*, « séparer », de même racine que le mot arabe *'haram*, « interdit », qui a aussi donné le *harem*, l'« espace réservé ». La femme *harimtum*, que l'on pourrait traduire par la « courtisane », est celle qui vit hors des normes, hors du mariage – autrement dit : la femme libre, l'hétaïre. Ce personnage est éminemment d'Inanna, éternelle célibataire, celle dont la puissance ne supporte aucune appropriation. Du reste, Shamhat, la femme qui accompagna les chasseurs, dont le nom signifie littéralement la « voluptueuse[1] », faisait partie de la suite d'Inanna,

1. Véronique Grandpierre, *op. cit.*, p. 82.

était l'une de ses vestales. Parvenu auprès d'Enkidu, le chef des chasseurs ordonna à Shamhat :

> « Découvre-toi le sexe pour qu'il prenne le plaisir que tu peux lui donner et n'aie crainte de l'épuiser[1]. »

Et on peut lire ce texte d'une modernité inattendue, retrouvé sur des tablettes datant de quatre mille ans :

> « Elle laissa tomber son écharpe et découvrit sa vulve pour qu'il pût jouir en elle. Hardiment, elle le baisa sur la bouche et rejeta ses vêtements. Alors il s'allongea sur elle. Et elle lui montra, la belle, à ce sauvage, ce que peut faire une femme[2]. »

Et durant six jours et sept nuits, étourdi de plaisir, Enkidu ne put s'arrêter de faire l'amour avec Shamhat. Sous influence, rendu fou d'amour, il suivait la femme partout. C'est ainsi qu'elle lui fit quitter sa steppe natale. Il renonça à la vie avec les bêtes sauvages. D'ailleurs, après son initiation sexuelle par la courtisane, les animaux ne l'acceptaient plus et se détournaient sur son passage. Elle le conduisit jusqu'à la ville d'Uruk et le présenta au roi, Gilgamesh qui en fit son meilleur ami. Au début Enkidu regrettait son passé sauvage, rêvant d'y retourner, mais après une série d'épreuves qu'il parvint à surmonter, il finit par reconnaître les bienfaits de la civilisation et l'importance de ces femmes d'Inanna, ces courtisanes, que l'on appelait *harimtum*.

---

1. Jean Bottéro, *L'Épopée de Gilgamesh, le grand homme qui ne voulait pas mourir*, Paris, Gallimard, 1992, p. 74-75.
2. Jean Bottéro, « L'amour libre à Babylone », *in Amour et sexualité*, Paris, Pluriel, 2012, p. 18.

Ce récit de fondation, *L'Épopée de Gilgamesh*, montre clairement que dans la pensée des Mésopotamiens, la sexualité, sous sa forme extrême, la passion amoureuse, permet aux hommes de sortir de l'état de nature pour accéder à la culture. Manifestation la plus spectaculaire de cette association de la civilisation et de la sexualité, un culte avait lieu chaque année, resté encore mystérieux dans son déroulement : le mariage du roi et de la déesse Inanna. Ce culte est attesté depuis la moitié du IIIe millénaire av. J.-C. Il consistait probablement en une véritable hiérogamie, littéralement un « mariage sacré ». Nous savons que le roi se rendait dans le temple d'Inanna pour les festivités du nouvel an et prenait la déesse pour épouse, sans doute incarnée par l'une de ses prêtresses. Les chants, les hymnes, qui nous sont parvenus, expriment à la fois la tendresse et l'amour charnel et font irrésistiblement penser au Cantique des Cantiques :

> « Embrasse-moi de ces baisers qui sont les tiens,
> tes caresses sont meilleures que le vin ;
> que l'odeur de tes parfums est agréable,
> toi-même es l'arôme qui ravit,
> comment les femmes ne vont-elles pas t'aimer.
> Emmène-moi avec toi, allons, allons ;
> et le roi m'a emmenée dans la pénombre
> pour rire et être heureux ensemble,
> revivre tes caresses meilleures que le vin ;
> comment ne pas t'aimer. »

Cet accouplement public, peut-être en présence des représentants du peuple, probablement sous les hurlements de la fête débridée qui se déroulait hors des murs du palais, était une invocation des forces. Les chants qui l'accompagnaient ne laissent planer aucun doute :

« Quant à moi, à ma vulve, à moi, tertre rebondi,
Moi, Jouvencelle, qui me labourera ?
Ma vulve, ce terrain humide que je suis, moi, Reine, qui y mettra ses bœufs de labour ? »

La réponse est proférée peut-être par l'amant, parlant de lui à la troisième personne, peut-être par une sorte de chœur :

« Ô Innin, c'est le Roi qui te labourera.
C'est le roi Dumuzi qui te labourera. »

Et Inanna de répliquer, au paroxysme du désir :

« Laboure-moi donc la vulve, ô homme de mon cœur ! »

Elle baigne alors son beau corps et, aussitôt, ils couchent ensemble. Et d'un seul coup, tout autour d'eux, se met à pulluler la végétation[1].

On attendait de cet accouplement quasi cosmique entre le politique et le mystère divin un déferlement de puissance. La force pulsionnelle de la déesse devait se transmettre au pays tout entier, en fertilisant ses champs[2], se transmettre au roi lui donnant la puissance et la victoire

1. *In* Jean Bottéro, Samuel Noah Kramer, *L'Érotisme sacré à Sumer et à Babylone*, *op. cit.*, p. 54.
2. Voir par exemple Samuel Noah Kramer : « Mais ce dont les hommes et les animaux avaient le plus besoin pour assurer la procréation et la perpétuation de leur espèce était, sans doute, le désir et l'amour passionné, qui culminait dans l'union sexuelle et qui garantissait la fécondation des "matrices" par la semence fertilisatrice, l'"eau du cœur". Ces émotions délicates et ardentes furent mises dans les mains de l'attirante, séductrice, sensuelle et voluptueuse déesse de l'amour, Inanna, particulièrement adorée à Uruk, l'une des principales villes sumériennes, depuis au moins 3000 av. J.-C. », *Le Mariage sacré dans l'Antique Sumer*, Madrid, Editorial AUSA, 1999, p. 95.

au combat. Cette hiérogamie n'était pas un simple rapport sexuel, mais une alliance pour une durée d'un an, assimilable à un mariage d'une année. Le roi établissait une relation personnelle, charnelle avec la déesse, répétant celle des origines, de la fondation, entre Inanna et Dumuzi. Premier accouplement d'un humain et d'une divinité dont nous avons conservé la trace, alliance contractée annuellement au cours de laquelle la déesse reçoit ses dévotions et l'humain une part de sa puissance, il constitue le prototype de ces relations passionnelles entre humains et esprits, dont nous avons parcouru de multiples exemples.

Plus de mille cinq cents ans plus tard, Homère rapportera, dans son *Hymne à Aphrodite*, un accouplement très semblable entre la déesse de l'amour et Anchise, le Troyen, le père d'Énée. L'histoire commence par une vengeance du père des dieux. Aphrodite allait partout racontant qu'elle avait instillé le désir dans le cœur de certains immortels jusqu'à les conduire à s'accoupler avec des humains. Pour empêcher la toujours souriante Aphrodite de colporter ces histoires qui rabaissaient l'image des immortels, Zeus lui mit au cœur un incoercible désir pour un jeune berger qui faisait paître ses bœufs sur la montagne Ida. Dès qu'elle l'aperçut, elle en tomba amoureuse et un désir s'empara de son corps jusqu'à la faire trembler. Elle s'en fut à Chypre, en son palais odorant, se laisser baigner par les Charites, qui lui lustrèrent le corps. Puis, elle s'élança vers Troie, se hâtant vers Ida, la montagne aux Fauves. Elle aussi, à l'exemple d'Inanna et d'Ishtar, était pure pulsion. Les loups, les lions, les ours et les panthères la suivaient, lui flattant les jambes. Son seul contact jetait le désir dans leurs flancs et ils partaient s'accoupler dans les fourrés. Lorsqu'elle trouva Anchise, elle se présenta à lui comme une jeune fille, une vierge qui n'avait jamais connu le joug de l'homme. Il en tomba follement amoureux sur-le-champ. Elle était si belle qu'il lui demanda si elle était une déesse, une Charite ou une nymphe. Et elle mentit ! Elle lui répondit qu'elle était une simple mortelle qu'un oracle avait mise sur son chemin. Il s'empara alors de sa main, nous dit Homère, et Aphrodite détournait la tête et baissait les yeux comme une jeune vierge, lorsqu'il l'entraîna sur sa couche. Il dénoua sa ceinture, retira sa robe et s'unit à elle, lui, un simple mortel, elle, la puissante déesse. Et après les jeux de l'amour, il s'endormit à ses côtés, sans savoir qui elle était. Mais au réveil, il s'aperçut que la tête d'Aphrodite, debout touchait le faîte de la chambre. Il fut effrayé ; l'angoisse s'installa dans son cœur. C'est alors qu'elle lui révéla son identité. Et Anchise, se souvenant peut-être du destin des amants d'Inanna, enfouit sa tête sous les couvertures en suppliant :

> « Aie plutôt pitié de moi, car il ne voit point fleurir sa vie, l'homme qui dort auprès des déesses immortelles[1] ! »

Anchise savait qu'il pouvait voir disparaître sa puissance sexuelle ou même perdre la vie en approchant d'aussi près l'énergie pure, la pulsion incarnée. Il connaissait certainement le récit de la naissance d'Aphrodite qu'Hésiode a rapporté dans sa *Théogonie*. Kronos, on s'en souvient, avait

1. Anchise craint de mourir ou de devenir impuissant. Homère, *Hymne à Aphrodite*, 189-191. Voir aussi le commentaire éclairé de Georges Devereux dans le chapitre intitulé « La divine maîtresse », *in Femmes et Mythes*, Paris, Flammarion, 1982.

châtré son propre père, Ouranos, et jeté au loin ses parties sexuelles. Des gouttes de sang tombées sur la terre sont nées les Érinyes, démons du remords, qui poursuivent inlassablement les meurtriers. Cependant, la semence qui ne cessait de s'écouler du sexe tranché, est tombée dans la mer et, se mélangeant à l'écume des vagues, donna naissance à Aphrodite, d'où son nom (de *aphros*, l'« écume »). On l'appelle aussi *Philomédée,* « qui aime le sexe », elle qui en est la sève incarnée. Désir, tension, pulsion, saisis et condensés dans une déesse, telle est Aphrodite, proche cousine, comme on le réalise, des déesses de Mésopotamie.

L'Antiquité pensait les êtres humains susceptibles d'être emportés dans une sorte de passion pour un invisible, un esprit, un démon, un dieu. Lorsqu'il s'agissait d'une divinité, comme dans les rites rattachés à Inanna, les populations de l'Antiquité allaient plus loin, considérant que, tout comme nous offrons aux dieux les prémices des récoltes, nous leur devons aussi notre premier émoi amoureux. Tels étaient sans doute les cultes aux dieux – aux déesses surtout – dans la Mésopotamie du IIIe millénaire (av. J.-C.), la Babylone du IIe millénaire et jusqu'à l'arrivée, sans doute des premiers cultes monothéistes.

On en trouve un témoignage, certes contestable, dans *L'Enquête* d'Hérodote, dans ce passage célèbre, si souvent cité, que je rappellerai ici pour mémoire. Il y relate une coutume qui, manifestement, le scandalisait. Selon lui, les femmes babyloniennes ne pouvaient perdre leur virginité que dans le temple d'Ishtar (nom babylonien de la Sumérienne Inanna), en s'offrant, pour leur premier rapport sexuel à un étranger de passage.

Inanna[1]

« Les Babyloniens ont une loi bien honteuse. Toute femme née dans le pays est obligée, une fois en sa vie, de se rendre au temple d'Aphrodite, pour s'y livrer à un étranger...

1. Inanna, femme attirante, à la chevelure artistement coiffée, au corps voluptueux. Dans ses mains, elle tient des roseaux recourbés, représentant sans doute sa maîtrise de la nature. Sous ses pieds, la puissance des lions. Ses pieds, justement, des pattes d'oiseau, qui révèlent à l'homme qui est séduit, que cette femme n'est pas du commun. Ce caractère a traversé les temps et les frontières. On le retrouve comme caractéristique des djinns au Maghreb, et notamment dans le personnage de Aïcha Kandisha, une reine de djinns, qui terrorise les Marocains en s'emparant des jeunes gens dans la nuit. On leur conseille ainsi la plus grande prudence en présence d'une étrangère, surtout si elle est belle : « Si tu rencontres une femme dans la nuit, n'oublie pas de regarder ses pieds. » On dit là-bas que Aïcha Kandisha a des pieds de chèvre...

On voit en tous sens des allées séparées par des cordages tendus : les étrangers se promènent dans ces allées, et choisissent les femmes qui leur plaisent le plus. Quand une femme a pris place en ce lieu, elle ne peut retourner chez elle que quelque étranger ne lui ait jeté de l'argent sur les genoux, et n'ait eu commerce avec elle hors du lieu sacré. Il faut que l'étranger, en lui jetant de l'argent, lui dise : J'invoque la déesse Mylitta. Or les Assyriens donnent à Aphrodite le nom de Mylitta...
Enfin, quand elle s'est acquittée de ce qu'elle devait à la déesse, en s'abandonnant à un étranger, elle retourne chez elle. »

Ainsi, d'après lui, le premier rapport sexuel était dû à la divinité Ishtar, en tant que prémices. Ce n'est qu'après s'en être acquittée que la femme, dès lors initiée, pouvait s'approprier sa propre sexualité, qu'elle destinait en général au mariage. Et Hérodote de conclure, non sans humour :

« Celles qui ont en partage une taille élégante et de la beauté ne font pas un long séjour dans le temple ; mais les laides y restent davantage, parce qu'elles ne peuvent satisfaire à la loi : il y en a même qui y demeurent trois ou quatre ans[1]. »

La coutume rapportée par Hérodote est sans doute exagérée. Toutes les femmes ne se livraient pas à la prostitution dans la Babylone antique. Sans doute seulement certaines, esclaves récemment affranchies recherchant un complément de salaire ou courtisanes se destinant au statut de *harimtum*. Pour autant, la logique qu'il a saisie est exacte. L'initiation sexuelle des femmes, tout comme celle des hommes, du reste, était réalisée sous l'empire

1. Hérodote, *L'Enquête,* I, 199.

d'Ishtar[1]. Ishtar, celle qui donne la force et permet de la dompter ; de même, Inanna extirpa Enkidu de la sauvagerie primitive, en l'initiant à la sexualité. On peut supposer qu'une civilisation fondée sur le culte de cette déesse admettait une sexualité assez libre. De fait les multiples documents, les textes des tablettes, la statuaire, les plaques d'argile représentant des scènes érotiques destinées à stimuler le désir, laissent supposer que la sexualité était très présente dans les cités mésopotamiennes, et certainement pas bridée par ce tabou qu'introduira bien plus tard le christianisme. Outre que les temples dédiés à la prostitution sacrée étaient nombreux à travers le pays, que cette déesse était une référence permanente, tant en Mésopotamie que dans tout le Proche-Orient et jusqu'aux rivages nord de l'est de la Méditerranée, on l'invoquait sans cesse dans la vie quotidienne pour fabriquer et activer les objets magiques, talismans de pierre ou d'argile et statuettes destinées à déclencher la passion amoureuse.

---

1. Ce fait n'a pas échappé à Freud qui l'interprète, de manière psychanalytique, comme conséquence de la peur qu'éprouverait l'homme devant la défloration, qui lui évoquerait, du fait du saignement, ses propres pulsions sadiques. Ainsi, par cette coutume de prostitution sacrée, épargnerait-on au mari la confrontation à ses propres pulsions sadiques en délégant l'acte de défloration à un inconnu, un étranger de passage… voir Sigmund Freud (1918), « Le tabou de la virginité », *in La Vie sexuelle*, Paris, PUF, 1969, p. 66-80. Georges Devereux, commentant le même fait, a remarqué que c'est sans doute l'origine du statut si particulier de l'aîné dans les cultures sémitiques, lui qu'on soupçonne donc d'être né d'un inconnu. Il rappelle ici l'étrange coutume juive du rachat rituel du premier né (de la femme). Voir Georges Devereux, « Quelques traces de la succession par ultimo géniture en Scythie », *Revue internationale d'études arctiques et nordiques*, 1972, 12, p. 262-270.

Magies d'amour

Ainsi cette procédure, à mon sens la forme la plus simple, la plus pure de la magie d'amour : prenez une grenade ou une pomme, belle, gonflée de suc, appétissante. Isolez-vous dans une pièce sans témoins, sans lumière et prononcez la prière suivante :

> « La plus belle des femmes a inventé l'amour ! Ishtar, qui se délecte des pommes et des grenades, a créé le désir. Monte et descends, pierre-d'amour, entre en action à mon avantage. C'est Ishtar qui doit présider à notre accouplement ! »

Jean Bottéro, qui la rapporte dans son livre, ajoute la précision suivante :

> « Prière à réciter trois fois sur une pomme ou une grenade, que l'on fera croquer ensuite à la femme désirée. Dès lors, elle s'abandonnera et on pourra lui faire l'amour[1]. »

Les deux fruits que l'on préconise d'utiliser dans cette formule, la pomme et la grenade, sont aujourd'hui encore utilisés par les ensorceleurs qui fabriquent les magies d'amour. Savent-ils seulement qu'en utilisant ces ingrédients, ils continuent à rendre un culte à une déesse disparue ?

Voilà condensés les principes organisant la plupart des magies d'amour. 1) L'objet actif, généralement constitué d'ingrédients disparates, dont l'assemblage ne peut se retrouver dans le monde ordinaire : ici un fruit mélangé à une prière, prononcée selon une procédure codifiée. 2) Un

1. Jean Bottéro, *Amour et sexualité*, *op. cit.*, p. 20.

texte, contenant souvent des complexités paradoxales. Ici, on offre une pomme à manger et c'est une pierre que le texte ordonne. Et c'est bien une pierre que la femme aura dans l'estomac ; une pierre d'amour qui la travaillera de l'intérieur, lui remontant jusqu'à la gorge et descendant jusqu'à ses organes génitaux, déclenchant le désir pour le commanditaire. 3) L'association à un invisible dont on attend qu'il prête sa puissance pour déclencher le processus. Ici, on invoque Inanna ou Ishtar. 4) L'identification de la cible et du bénéficiaire. Ici, l'identification des protagonistes est simple puisqu'il suffit que le commanditaire offre la pomme à la cible, la femme convoitée.

On peut utiliser une prière semblable, cette fois destinée à un homme :

> « Cette recette n'est pas de moi : c'est celle même d'Ishtar, déesse de l'amour. On recueillera quelques poils arrachés à un bouc en rut, un peu de son sperme, quelques poils d'un bélier en rut […] ; on amalgamera le tout ensemble pour le fixer aux lombes de l'amant [le bas de son dos], après avoir récité sept fois, par-dessus cette prière[1]… »

L'amalgame constituant l'objet actif est plus complexe. Il s'agira d'associer des poils de deux animaux mâles en rut – animaux dont on sait que l'excitation sexuelle est pour le moins spectaculaire. Le bouc, dont l'ardeur est telle, qu'il se frottera contre un tronc d'arbre ou une barrière, éjaculant

1. La prière est ici encore plus explicite : « Excite-toi ! Excite-toi ! Bande ! Bande ! Excite-toi comme un cerf ! Bande comme un taureau sauvage ! Fais-moi l'amour six fois comme un mouflon ! Sept fois comme un cerf ! Douze fois comme un mâle de perdrix ! Fais-moi l'amour parce que je suis jeune ! Fais-moi l'amour parce que je suis ardente ! Fais-moi l'amour comme un cerf ! », *ibid.*, p. 21-22.

par terre en l'absence de femelle, jusqu'à cinquante fois par jour. Lorsqu'il est dans cet état, sa semence n'est donc pas difficile à récolter. Le bélier, dont le comportement est peut-être plus extrême encore, puisque, lorsqu'il est en rut, il parcourt inlassablement le troupeau à la recherche d'une femelle en chaleur, oubliant de se nourrir. Ainsi, les deux animaux choisis peuvent être considérés comme l'expression la plus manifeste de cette pulsion incoercible que l'on veut déclencher chez l'homme – cette pulsion qui est la caractéristique d'Inanna. Il reste que ces substances sont odorantes et que, une fois accrochées aux lombes – c'est-à-dire au niveau de ses reins, siège traditionnel de son désir –, leurs effluves doivent remonter jusqu'aux narines de l'homme et lui provoquer quelque sensation. Quant aux poils, souvent utilisés dans les magies d'amour – poils humains ou animaux –, ils servent la plupart du temps à fabriquer des nœuds, à lier ensemble les substances disparates, jusqu'à faire de l'objet actif une unité vivante. Cet objet étrange est activé par la récitation de la prière, invocation directe d'Ishtar, qu'on sollicite explicitement, dont on s'attend à ce qu'elle prête son énergie.

Ainsi, si Inanna est bien une divinité, recevant un culte spécifique et complexe, elle est aussi une sorte de démon, auxiliaire indispensable des magies d'amour dont l'action était très recherchée par le peuple. Ces tablettes contenant les recettes des magies d'amour sont vieilles de plus de trois millénaires. Elles ont néanmoins traversé les frontières, les langues et les temps. Il est vrai qu'Inanna a perduré sous d'autres noms et sous d'autres cieux. À Babylone, elle est devenue la déesse Ishtar. Elle prendra les noms d'Astarté et d'Achérâ, dans la Bible, où elle finira par représenter, de manière générique, toutes les déesses païennes. On parle dans les Livres des rois des Achérâs, vecteurs de toutes les abominations. Mais elle nous est mieux connue dans ses déclinaisons grecque et romaine : Cybèle, Aphrodite, Vénus, infiltrée jusqu'à nous dans le nom du jour où l'amour est *a priori* favorable : le vendredi, jour de Vénus.

Accomplissons maintenant un bond de près de trois mille ans et de dix mille kilomètres pour examiner une magie d'amour, parfaitement semblable dans ses logiques, une recette colligée dans le fameux grimoire dit *Le Petit Albert* et utilisée de nos jours par un guérisseur martiniquais de Grand-Rivière qui l'applique à ses clients :

> « Il y a des secrets qu'on appelle chez les sages cabalistes, pomme d'amour, et ils se pratiquent en cette manière. Vous irez un vendredi matin [jour de Vénus[1]], avant soleil levé dans un verger fruitier, et cueillerez sur un arbre la plus belle pomme que vous pourrez ; puis vous écrirez avec votre sang sur un petit morceau de papier blanc votre nom et surnom, et en une ligne suivante, le nom et surnom de la personne dont vous voulez être aimé, et vous tâcherez d'avoir trois de ses cheveux, que vous joindrez avec trois des vôtres qui vous serviront à lier le petit billet que vous aurez écrit avec un autre, sur lequel il n'y aura que le mot Scheva, aussi écrit de votre sang, puis vous fendrez la pomme en deux, vous en ôterez les pépins, et en leur place vous y mettrez vos billets liés des cheveux, et avec deux petites brochettes pointues de branches de myrte vert, vous rejoindrez proprement les deux moitiés de pomme et la ferez sécher au four, en sorte qu'elle devienne dure et sans humidité comme les pommes sèches de carême ; vous l'envelopperez ensuite dans des feuilles de laurier et de

1. L'ajout entre parenthèses est de moi.

myrte, et tâcherez de la mettre sous le chevet du lit où couche la personne aimée, sans qu'elle s'en aperçoive, et en peu de temps elle vous donnera des marques de son amour. »

Les Secrets merveilleux du petit Albert,
dans son édition de 1782, à Lyon.

Dans cette recette, que j'ai choisie la plus complète parmi des dizaines, le *Petit Albert* mélange plusieurs éléments hétérogènes : des parties du corps du demandeur (ici, des cheveux et du sang) et son nom ; des parties du corps de la personne convoitée (cheveux) et son nom ; des paroles (ici, des écrits) ; des objets chargés (pomme) ; des invocations à des invisibles et, pour finir, des parfums (feuilles de laurier et de myrte).

Nous pouvons ici appliquer la formule qui nous avait permis de saisir la logique des objets sumériens :

1) L'objet actif est, ici aussi, constitué d'ingrédients disparates, dont l'assemblage ne peut se retrouver dans le monde ordinaire : un fruit fendu en deux moitiés, en partie évidé. Une fois fourré de deux textes, le fruit est ensuite scellé, par son passage au four, afin de lui donner l'apparence d'une pomme de carême, séchée. 2) Le premier texte définit dans une première ligne le bénéficiaire de la magie, comme si le nom reconnaissait le sang qui a servi d'encre et dans une seconde, la cible. 3) Le second texte contient l'invocation à l'invisible dont on attend qu'il prête sa puissance pour déclencher le processus. Ici, il est fait appel à une mystérieuse *Scheva*[1]. C'est elle qui est chargée d'activer l'objet, de lui donner vie. Mais le fait que la pomme a été cueillie le

1. Il me semble qu'il s'agit de Batshéva, c'est-à-dire Bethsabée, la jeune femme dont le roi David tomba follement amoureux…

vendredi est également une invocation, cette fois à Vénus – cette divinité étant rappelée aussi par le choix du fruit, la pomme, qui lui est traditionnellement consacrée. 4) Un nouvel élément vient ici compléter la procédure : la ligature. On verra que les liens, les ficelles, les nœuds, les cadenas sont un ingrédient très fréquent des magies d'amour, destiné à sceller l'objet, à le rendre inviolable et surtout à donner à la procédure initiée un caractère irréversible. 5) Un dernier élément, enfin, les parfums, à l'efficacité particulière, sur laquelle je reviendrai au chapitre prochain. L'ensemble de la procédure est un acte d'artisanat, la fabrication d'un objet dont la caractéristique est de se révéler actif. Pour ce faire, ses constituants sont assemblés, rendus solidaires et scellés. Il est ensuite « animé » par l'invocation d'un invisible, divinité, esprit ou démon. Cet objet est dès lors doué d'une vie autonome – il est vivant. On lui indique alors sa mission : il s'agit, pour ce type d'objet, d'atteindre une personne (la cible) au bénéfice d'une autre (le commanditaire). Pour rester actif, l'objet doit être périodiquement réactivé à l'aide de nouvelles prières et de « souffles », très souvent des parfums.

La similarité des logiques et des recettes de fabrication à travers le temps et l'espace démontre seulement que les magies d'amour se sont répandues comme une traînée de poudre. Probablement originaires de Sumer, on les retrouve presque identiques en Égypte, en Grèce, à Rome et en Occident durant tout le Moyen Âge chrétien. Elles ont traversé l'Atlantique et on les reconnaît dans le Nouveau Monde, comme par exemple aux Antilles[1]. Pour autant, il

1. Caroline Oudin-Bastide, *L'Effroi et la terreur. Esclavagisme, poison et sorcellerie aux Antilles*, Paris, La Découverte, 2013.

ne faut pas penser que leur usage y était aussi bien admis dans chaque aire culturelle. Plus ou moins tolérées, les magies d'amour ont la plupart du temps été mal considérées. Actions secrètes, accomplies masqué, influences sauvages, recherchant l'assujettissement, elles ont souvent été associées à la sorcellerie, parfois poursuivies par la justice, et même passibles de la peine de mort à certaines époques. On peut retrouver l'origine de ces condamnations dans les actions de Josias, un roi du royaume de Juda, au VIIe siècle av. J.-C., contre les cultes païens :

> « Alors, le roi ordonna à Hilkiyyahou, le grand pontife, aux pontifes suppléants et aux gardiens du seuil, d'enlever du temple de l'Éternel tous les objets destinés au culte de Baal, d'Achérâ et de toute la milice du ciel... Il fit transporter l'Achérâ du temple de l'Éternel à l'extérieur de Jérusalem, dans la vallée du Cédron ; on la brûla dans la vallée du Cédron et on la réduisit en menue poussière, qu'on dispersa sur les tombeaux des gens du peuple. Il démolit les salles des prostituées attenantes à la maison du Seigneur, où les femmes tissaient des pavillons pour Achérâ », II Rois, 23 : 4, 6.

Si Josias fit disperser les cendres de la déesse sur les tombeaux des gens du peuple, c'est qu'il savait, lui, l'attachement viscéral des petites gens à ces pratiques. Mais son action ne fut pas suffisamment efficace. On a retrouvé des statuettes féminines par centaines, représentant Achérâ, Astarté et les avatars d'Ishtar dans les fouilles réalisées en Israël et en Palestine, et toujours dans cette même attitude d'exhibition de ses seins – un geste à la fois d'offrande sexuelle et de rappel de la maternité.

Qu'avons-nous appris en cette promenade auprès de la déesse, reine d'amour, l'Inanna des Sumériens ? En premier

Statuettes d'Astarté
période premier temple, origine Lachish.

Statuettes d'Astarté,
VIIIe siècle et début du VIe avant notre ère.

lieu que l'amour était considéré, dans la Mésopotamie de l'Antiquité, comme une passion divine. Outre les cultes spécifiques qui lui étaient rendus, la déesse était associée à toutes les recettes, prières ou talismans destinés à rendre amoureux l'être convoité. De là, sans doute, la puissance de tels objets, leur efficacité reconnue et redoutée. C'est ainsi qu'on expliquait la singularité de la passion, perçue par l'amoureux à la fois extérieure et viscérale, à la fois extravertie et comme l'expression d'un narcissisme exacerbé. De là encore, le caractère excessif, monstrueux, incontrôlable, de la passion, sa puissance provenant d'un « autre », autrement puissant que l'humain. À considérer le nombre de telles amulettes parvenues jusqu'à nous, imaginant par ailleurs que celles constituées de matières périssables (bois, papyrus) ont disparu, on peut penser que, dans l'Antiquité, la divinité accomplissait en général le travail demandé par les hommes.

Pour les anciens, loin d'être une pulsion héritée de l'enfance, la passion amoureuse était réputée naître d'une interaction complexe avec des divinités. L'amour était considéré comme une contrainte exercée sur celui qui était « pris », capturé aux mailles d'une sorte de filet de pêcheur. S'il existait une pêche, si l'on pouvait trouver des manières de filets, alors il était un art de la capture et une industrie de ces objets.

Nous avons aussi appris que le modèle de tels objets, constitué en cette période de créativité particulièrement féconde, entre le IVe et le IIIe millénaire av. J.-C., s'est non seulement conservé, mais transmis tel quel aux générations suivantes, aux cultures voisines et jusqu'à nos jours avec des adaptations mineures.

Adrien

Je relate ici deux entretiens qui remontent à une dizaine d'années et qui se sont déroulés dans un cadre amical. J'ai naturellement modifié le nom, l'origine et la profession des protagonistes ainsi que tout détail permettant de les identifier, mais j'ai tâché de décrire l'objet avec le plus de précision possible.

J'ai d'abord reçu l'un de ses amis, son collègue de travail, particulièrement inquiet à son sujet. Il ne le reconnaissait plus. Depuis six mois, Adrien n'acceptait plus de partager un verre après le travail. Je souris. L'homme me rattrapa à la volée : « Il ne s'agit pas seulement de cela, évidemment !… » Il voulait dire qu'ils n'étaient pas une bande de poivrots seulement préoccupés de leur apéro quotidien. C'est qu'Adrien était devenu franchement bizarre. D'abord, durant les heures de boulot, il ne parlait plus à personne et restait renfrogné dans son coin. « Ce n'est pas normal, vous comprenez ; notre travail se fait en équipe et, lui, on dirait qu'il n'en fait plus partie. C'est inacceptable. Il nous met tous en danger. » De plus, il explosait subitement dans des colères terribles, presque sans motif. Sans motif ? Ils se moquaient un peu de lui, bien sûr. Ce n'était pas bien méchant… des blagues comme on peut s'en envoyer entre amis. Du genre de celle-ci : « C'est depuis que tu t'es installé avec ta bourgeoise. Tu es sous contrôle, maintenant. C'est elle qui tient la zapette. » Bon ! Personne n'aime ça, mais il n'y avait pas de quoi en faire une histoire. Et, le midi, il refusait de venir manger avec eux au self. Et il leur sortait des phrases bizarres, du genre : « Vos cochonneries, je n'y touche plus ! » Avant, Adrien, c'était une fourchette ! Le petit salé aux lentilles, il en avalait deux pleines assiettes, l'air de rien. Et le vin ne lui faisait pas peur. Maintenant, il rentre le midi et lorsqu'il doit reprendre plus tôt, il vient avec son sandwich fait maison, et son litre de Badoit.

L'homme était souriant, sympathique, mais je ne comprenais vraiment pas ce qu'il attendait de moi. Il poursuivit en disant que les camarades avaient fini par se faire une raison. Ils avaient réorganisé les équipes en tenant compte des nouvelles contraintes d'Adrien jusqu'à ce que les événements se précipitent. Il était arrivé un matin, complètement retourné, blanc comme un linge. Lorsqu'ils lui ont demandé ce qui le bouleversait ainsi, il a sorti un objet de son sac, une chose... « Ah, je n'avais jamais vu un truc pareil. C'était dégoûtant et méchant. » J'ouvre de grands yeux. L'homme ne put m'en dire davantage. Il répétait : « Ah, dégoûtant ! Oui, vous pouvez me croire. C'était dégoûtant... » Ce matin-là, Adrien était en retard. Sa compagne était partie avant lui. Il cherchait une paire de chaussettes propres et n'en trouvait pas. Il avait fouillé jusqu'au fond du tiroir et il avait trouvé cette chose. Du coup, ses amis ont sauté sur l'occasion. « Alors nous, nous avons explosé ! Depuis le temps qu'on te prévient, Adrien... On te l'a dit : elle t'a maraboutė. Maintenant, tu en as la preuve. Et même que tu la tiens dans tes mains, cette preuve. Elle t'a maraboutė, mon vieux, ma... ra... bou... té ! » L'homme m'expliqua encore qu'il avait demandé à une amie de sa sœur qui était psychologue, ce qu'elle pensait de toute cette histoire. Et c'était elle qui, connaissant ma spécialité, lui avait conseillé de s'adresser à moi. Alors voilà ! Il voulait me demander si j'étais d'accord pour recevoir Adrien… Pour l'aider à y voir plus clair ; à faire ses choix en connaissance de cause. Rendez-vous fut pris.

C'était une fin de journée de janvier. Une bruine glacée faisait luire les trottoirs et grelotter les passants. Je regardais par la fenêtre. Cela faisait dix minutes qu'il aurait dû être là. Et je vis un homme d'une trentaine d'années, plutôt grand, vêtu d'un jean et d'une parka noire, la capuche sur la tête. Il avançait lentement, tête basse. Il semblait porter sur ses épaules la tristesse du monde. J'ai immédiatement su que c'était lui. Il commença par me raconter sa rencontre avec Zeina, une jeune Malienne avec laquelle il s'était mis en ménage. Ce jour-là, ils étaient quatre pour contrôler les tickets à la station Châtelet du 47. Deux de ses collègues l'avaient épinglée. Elle ne pouvait présenter aucun titre de transport. Ils lui ont proposé de payer immédiatement une amende libératoire. Elle prétendit qu'elle ne possédait pas un centime sur elle. Dans ce cas, il lui fallait présenter une pièce d'identité et une adresse où lui expédier son procès-verbal. Elle ne possédait aucun papier d'identité. Ils la tenaient avec force, chacun par un bras. Le troisième collègue s'y était mis, lui aussi, criant qu'ils allaient la conduire au poste de police. Un attroupement s'était formé autour d'eux. Certains parmi les badauds s'étaient mis à protester. Est-ce la peur du scandale ou une réaction d'humanité ? Il prit la jeune femme en pitié. Il demanda au chef d'équipe : « C'est combien ? »… Les autres ont éclaté de rire. Comme s'il ne savait pas que c'était trente euros… Il les sortit de son portefeuille et les tendit à son collègue. Et les gens autour ont poussé un soupir de soulagement.

Après cela, elle lui avait donné son numéro de téléphone. Il l'avait invitée le soir même à dîner. Quinze jours plus tard, elle débarquait dans son deux pièces de La Chapelle avec sa petite valise et un immense sourire. Depuis, ils vivaient ensemble. « Mais alors, demandai-je, qu'est-ce qui ne va pas ? »... Tout allait très bien, au contraire. Sitôt arrivée, Zeina avait mis de l'ordre, dans son logement et dans sa vie. Il ne lui avait pas fallu plus d'une semaine pour découvrir qu'il forçait un peu sur la bouteille. « Peut-être un peu plus qu'un peu, ajouta-t-il avec un air complice. Elle m'a demandé : "Tu veux arrêter ?" J'ai hésité. "Si tu veux arrêter, moi je peux faire en sorte que tu arrêtes de boire demain." » Il avait vaguement acquiescé. Quelques jours plus tard, elle lui avait rapporté une protection, qu'il devait porter autour du bras et un liquide, dans une bouteille de plastique, avec lequel il devait se laver la tête. Il avait installé sa protection, une sorte de lacet de cuir avec une petite bourse de métal, autour du biceps de son bras droit, mais il avait abandonné la bouteille une semaine sur l'étagère de la salle de bains. Un soir qu'il était rentré à pas d'heure avec une cuite à s'éclater la cervelle, il était allé prendre une douche et c'était comme si le liquide l'avait appelé. Il s'en était fait un shampoing. C'était un drôle de savon, de couleur très sombre, presque noir. Dès le lendemain – je n'allais pas le croire –, dès le lendemain, ses lèvres n'acceptaient plus de toucher une goutte d'alcool. « OK, dis-je encore, mais qu'est-ce qui ne va pas ? » Il répondit que, en ce qui concernait l'alcool, même s'il ne le souhaitait pas vraiment, il avait finalement été satisfait du résultat. De plus, cette expérience avait changé leurs rapports. De ce jour, il lui avait fait une confiance absolue, plus qu'à sa propre mère. Ils avaient commencé à imaginer des projets ensemble et envisagé de se marier, de fonder une famille. Et il y avait de cela deux mois, elle avait décidé de partir annoncer la nouvelle à ses parents. Elle lui avait demandé une photographie pour leur présenter son fiancé et elle s'était absentée durant une semaine. Depuis qu'elle était rentrée, il l'avait trouvée un peu changée. D'abord, elle avait grossi et puis, elle le regardait bizarrement, comme si elle le surveillait. Jusqu'à ce matin où il avait trouvé la chose… Et il sortit de son sac de toile un paquet de plastique qu'il me tendit.

Je l'ouvris très lentement, avec précaution. C'était une statuette de bois haute d'une vingtaine de centimètres, représentant grossièrement un homme. La tête était exagérément importante. Sa surface noirâtre était patinée, comme si elle avait été recouverte de matières gluantes qui avaient ensuite été durcies au feu. Elle était liée par une cordelette qui la saucissonnait du cou aux chevilles. Un renflement au niveau du ventre laissait apercevoir un petit sac de toile qui semblait contenir d'autres matières. Au niveau de la bouche, un trou avait été fait pour laisser passer un cadenas, rouillé et fermé. Un autre cadenas clôturait la ligature au niveau des pieds. Lorsqu'on la regardait du dessus, on constatait que le crâne avait été évidé et rempli d'une substance molle, peut-être du tissu, tout comme les yeux qui, eux aussi, étaient fermés par une substance molle.

« Et cette chose, me dit Adrien pendant que j'examinais l'objet, était placée au fond de mon tiroir, là où je range mon linge de corps, enfouie dans mes caleçons, mes tee-shirts et mes chaussettes. » Je lui demandai s'il avait questionné sa compagne à ce sujet. Naturellement qu'il lui avait demandé d'où provenait cette « chose ». Elle prétendit qu'elle n'avait jamais vu la statuette. Elle ignorait ce qu'elle pouvait être. Quant à elle, elle ne croyait pas vraiment à ces histoires mystiques. Dieu, d'accord ! Le Coran, les amulettes contenant des sourates, comme la protection qu'elle lui avait rapportée, c'était licite. Mais des fétiches, ça non ! Elle était croyante ; elle était musulmane... Il avait insisté, l'avait secouée. Elle s'était fermée, ne répondant plus un mot. Finalement, il avait emporté la statuette avec lui et l'avait enfermée dans son casier, à la permanence, de peur qu'elle ne la fasse disparaître. Et la vie avait repris comme avant... ou presque. Parce qu'il s'était glissé un doute dans son esprit. Zeina était-elle avec lui ou contre lui ? Les protections, la substance pour se laver, la statuette... était-ce vraiment pour son bien ? Et cette question revenait périodiquement à son esprit. Et voilà qu'il me la posait également. Je lui demandai ce qu'il ressentait. Je voulais savoir si des sensations physiques étaient apparues depuis que la statuette se trouvait à son contact. Mais il comprit ma question comme une interrogation sur leurs rapports sexuels. « Avec Zeina, s'exclama-t-il, c'est de mieux en mieux ! Je suis amoureux. » Je n'insistai pas.

Alors, j'entrepris de lui décrire, du mieux que je pus, la statuette que je tenais dans la main.

– Regardez ! On a ligoté l'homme entièrement afin qu'il ne puisse accomplir aucun mouvement de sa propre volonté. Dans sa tête, on a fourré des paroles qui ne lui appartiennent pas. Ses yeux ne voient que ce qu'on lui a demandé de voir. Et sa bouche ne saurait prononcer d'autres paroles que celles qui ont été prévues pour lui. Le contenu de ces pensées et de ces paroles doit se trouver dans les petits sacs qui se trouvent sur le ventre, dans la tête et sur les yeux. La chose a été faite avec un animal, probablement un coq. Regardez, on distingue encore des restes de duvet collés par le sang…

– Quel sang ?, demanda Adrien, effrayé.

– Le sang dont on a recouvert l'objet à plusieurs reprises. Sans doute celui de l'animal sacrifié.

– Et si on l'ouvrait ?, hasarda-t-il sans conviction. On pourrait savoir quelles paroles y ont été introduites.

– Comment voulez-vous l'ouvrir alors que vous ne savez pas comment elle a été fermée ?

– Et si on la détruisait, alors ? On pourrait la jeter au feu.

– En ce cas, plus rien ne pourra délivrer le malheureux qui a été ligoté ainsi. Car le feu est réputé réunir les éléments, les agglomérer, les rendre à jamais solidaires.

Il réfléchit un long moment.

– Depuis qu'elle est rentrée, une drôle d'odeur flotte dans l'appartement, comme de l'encens, voyez-vous… de l'encens très parfumé, un peu envoûtant.

– Ce doit être de l'encens, en effet. En général, on diffuse de l'encens pour activer l'objet.

Le mot le fit sursauter.

– Activer ? Activer, répétait Adrien… Activer… Et si je vous l'abandonnais, ma statuette, hein ? Peut-être pourrez-vous la désactiver ?

Le souhaitait-il vraiment ? Je ne saurais le dire, aujourd'hui encore, mais il me laissa la statuette. Et il repartit, le cœur léger, je crois, rejoindre Zeina qui l'attendait au café.

Les parfums

> « Mon bien-aimé est pour moi un bouquet de myrrhe, qui repose entre mes seins. »
>
> Cantique des Cantiques.

Il est mortel. L'ambiance peut l'anéantir. L'air qu'on respire lui est fatal. Il jouit d'un corps, parfois visqueux, parfois liquide, rarement dur et pourtant il se flatte de n'être qu'une âme. Toujours volatil, aimanté par le zénith, si l'on n'y prend garde, il s'élance aussitôt en direction du soleil rejoindre ceux avec lesquels il entretient une parenté : les dieux. Aussitôt qu'il le peut, il accourt auprès d'eux, les entoure, les flatte. On dit que certains parmi eux en ont fait leur seule nourriture… Étrange nourriture, cependant, qui ne disparaît pas d'avoir été absorbée.

Pour en tirer bénéfice, il faut savoir le tenir captif dans un corps. Quelle qu'en soit la consistance, gras, combustible ou fluide, ce corps ne le désigne pourtant pas. Pour lui, il n'est que monture. Seule son âme est active. Elle est appelée principe, essence, extrait, parfois même esprit.

Cousin des diables, invisible comme eux, son espèce est constituée d'une infinité de races et de familles ; mais tout comme celles des hommes et des animaux, elles évoluent au gré des mélanges. Hybride parmi les hybrides, il ne sait contenir sa passion des mélanges. Quelques-uns parmi ses ancêtres sont connus comme des esprits parfaits, purs de tout mélange. Fixés, ils possèdent un nom, une couleur, des vents et un animal ou le plus souvent une plante pour demeure.

Parasite par nature, il s'épand la plupart du temps dans la corolle des végétaux, notamment des fleurs. Il aime aussi à se musser dans de vulgaires herbacées, à se tapir au sein d'épineux sauvages ou de cruelles cactées. Sa capture est ardue. Il faut savoir se lever avant le soleil, guetter au bord des chemins l'instant précis de la révérence des pétales ; ou bien celui où les derniers rayons du soleil dessinent des ombres immenses sur le sable ; ou encore entailler l'écorce de l'arbre encore pubère pour faire pleurer goutte à goutte les larmes d'ambre limpide dans lesquelles il aime se terrer.

Son nom commun est parfum.

Les anciens avaient atteint une certaine habileté à le décrire, mais cet être a été mêlé à tant de dévergondages que, pudibonds comme nous le sommes devenus avec le temps, nous n'avons conservé de l'Antiquité que quelques techniques de son artisanat et presque totalement oublié ses capacités.

Pour connaître sa nature profonde, il faut entrer dans les récits qui ont sauvegardé une part de son être pour les générations. Je commencerai par une histoire colportée depuis au moins le VIIe siècle avant notre ère par les Grecs qui l'avaient eux-mêmes empruntée aux Sémites de Syrie, du Liban, de Judée et partagée avec les conquérants de Chypre.

Un amour contre-nature

Il s'agit d'un roi assyrien que certains appellent Théias ; d'autres prétendent qu'il était chypriote et le désignent sous le nom de Cinyras. Certains le situent à Byblos, au Liban, d'autres à Paphos, dans l'île de Chypre, où, dit-on, il introduisit le culte d'Aphrodite, mais tous relatent la même terrible tragédie. Nous en trouvons le récit dans des fragments de littérature babylonienne, une brève allusion dans le livre d'Ézéchiel, et même dans le Cantique des Cantiques, de longues descriptions dans la *Bibliothèque* d'Apollodore, dans les *Fables* d'Hyginus, dans *La Déesse syrienne* de Lucien de Samosate, dans *La Description de la Grèce* de Pausanias, dans le *Protreptique* de Clément d'Alexandrie, dans d'autres encore… Et surtout, chez celui qui sut donner des lettres à ce récit qui sourd du fond des temps : Ovide.

Cinyras – appelons-le ainsi – avait une fille qu'on appelait Myrrha. La peau douce comme la soie, elle avait de grands yeux tendres et malicieux. Enfant, elle regardait inlassablement son père, en silence, des journées durant. Elle ne savait à quoi elle pensait, pourtant, durant ces longs moments de rêverie. Princesse adulée, unique enfant, elle poussa comme le chiendent, farouche et espiègle, ne respectant ni les règles des humains ni les prescriptions des dieux. Sitôt qu'elle le pouvait, elle s'introduisait au palais et là, cachée dans quelque recoin, parfois juchée sur la pointe des pieds ou sur un coussin, le menton coincé entre les mains, elle restait des heures à l'observer. Jamais elle ne se lassait du visage, de la démarche, de la voix de cet homme puissant aux yeux couleur de miel, le roi de Chypre, Cinyras, son père. Bientôt la poitrine pointa sous le peplos de Myrrha. Ses hanches commencèrent à gonfler la tunique de lin, la taille s'affina sous la ceinture de laine sauvage. Elle était belle, à rendre les hommes fous. Elle ne savait même pas ce qu'était le sexe, pourtant ; elle ne connaissait rien de l'amour. Des jeunes gens tentaient de la courtiser, des hommes mûrs lui jetaient des regards enflammés. Myrrha ignorait superbement les appels d'Aphrodite.

Aphrodite, Cybèle, la caprine, la Chypriote, héritière des déesses mères de l'Orient, des Inanna, des Ishtar, des Astarté, des Achérâ… ce récit est aussi celui de son culte qui, après avoir été la religion principale des peuples du Moyen-Orient, durant près de trois mille ans, s'est peu à peu réfugié dans des intimités plus ou moins clandestines. La voici devenue Aphrodite, chez les Grecs, déesse du désir amoureux… Une règle de bienséance réciproque préside encore à son règne. Si cette déesse sait octroyer le plaisir aux humains, c'est à condition qu'ils se soumettent à sa loi. Tous ne le savent pas ; et, parmi ceux qui le savent, certains, certaines, refusent ce qu'ils croient être un asservissement. Tel un poulain rétif, Myrrha se cabrait devant l'appel.

Aphrodite insista ; elle lui manda des prétendants, de beaux jeunes gens, qui la supplièrent, de vieilles femmes, habiles dans l'art de la parole, qui tentèrent de lui transmettre les manières d'amour. Rien n'y fit. Myrrha restait de marbre, froide aux appels de la déesse. Furieuse, la divine Aphrodite statua ainsi : « Qui croit échapper au désir, un désir plus fort que toute pensée le terrassera. » Une telle formule est valide à travers les siècles et les générations. C'est elle encore qui a force de loi aujourd'hui, en deçà de celle des hommes.

Afin de lui enseigner que nul humain ne peut échapper à la loi d'Aphrodite, la déesse lui imposa un amour monstrueux, contre-nature, une passion incestueuse. Selon le poète, c'est ainsi que l'amour naquit au cœur de Myrrha – non pas comme les autres jeunes filles, pour tel jeune homme à la taille fine et au doux regard, mais pour son propre père, le roi. Bientôt folle de désir, elle tournoyait autour de lui comme un insecte après l'orage. Mais elle ne savait que faire, enfermée dans son indicible secret. Comment l'approcher réellement en amoureuse, lui si semblable à elle et pourtant impossible amant ?

L'incoercible attirance la rendait folle. Elle courait de ci, elle courait de là, en une sorte de frénésie sans but. Son esprit divaguait comme son corps. Tantôt elle se cherchait des justifications, tantôt elle se sentait exclue de la communauté des humains, imaginant de sortir de l'impasse en se donnant la mort. Pour se justifier, elle se raisonnait, se racontant que bien des animaux s'unissent sexuellement à leurs parents. Il arrive à la génisse, pensait-elle, de porter son père sur son dos et le cheval n'hésite pas à faire de sa fille son épouse. Elle se prit à contester les lois de la société. Qu'est donc cette odieuse cité où l'on interdit l'amour le plus pur, le plus beau, qui allie le respect et la flamme ?… Celui de la fille pour son père. Sans doute existe-t-il ailleurs d'autres mondes où l'on autorise ce qu'on interdit ici. Par quelle injustice du sort n'avait-elle pas eu la chance de naître là-bas ? Elle se raisonnait encore : pourquoi de telles pensées ? Il suffirait d'oublier sa folie. Son père, elle l'avait ; il serait toujours son père. Il lui suffisait de l'aimer comme un père... Mais elle se reprenait aussitôt : d'en être la fille lui interdisait de l'avoir vraiment, c'est-à-dire de l'aimer jusqu'au bout, de jouir de lui, avec lui. « Si j'étais une étrangère, pensait-elle, rien n'arrêterait ma passion ; je saurais le convaincre de m'aimer par la force de mon amour pour lui[1]. Mais d'en être si proche, d'être sa fille, m'interdit de l'approcher... Quelle injustice ! » À d'autres moments, prenant conscience du caractère monstrueux de son désir, Myrrha pensait fuir sa maison, sa patrie. Elle s'exilerait, disparaîtrait au loin. Elle ne l'oublierait sans doute pas, mais ainsi, elle le protégerait de sa folie. Elle se reprenait aussitôt. Partir... cela impliquait de ne plus le voir. Elle ne pouvait se résigner à une telle souffrance. Près de lui, dans la maison, elle pouvait le serrer dans ses bras, minauder sur ses genoux, embrasser sa barbe au parfum si doux. Parfois elle s'emportait contre elle-même, se maudissant parfois avec les mots les plus terribles qu'elle connaissait. Elle se reprochait d'ourdir en ses secrets, le pire des forfaits – un acte interdit non seulement par les hommes, mais aussi par les dieux. Elle s'insultait, se traitait de demeurée : « Imagines-tu, pauvre folle, que tu deviendras la maîtresse de ton père, la rivale de ta mère ?... Et si cela arrivait, comment pourras-tu vivre, sœur de l'enfant qui te naîtra, mère de ton frère ? » Dans ces moments, elle envisageait le pire. Elle finissait toujours, pour se défaire de ses remords en imaginant les moyens de se donner la mort.

Les mois passaient et sa passion pour son père s'exacerbait de tournoyer sans cesse dans ses pensées. Elle ne

1. « Amour à nul aimé ne fait grâce d'aimer », Dante, *L'Enfer*, V.

pouvait certes la réaliser, ni même l'ébaucher, ni la raconter, ni même à mi-mot, à quiconque...

Son père, inquiet de ne pas la voir s'intéresser aux prétendants qui se pressaient au château, la fit mander. « Myrrha, lui demanda-t-il, lequel souhaiterais-tu pour époux ? » Et il énuméra les noms des jeunes gens de bonne extraction, sains de corps, beaux de visage et à l'esprit délié. Elle ne répondait pas, figée comme la statue d'Aphrodite à laquelle elle ressemblait à s'y méprendre, à croire que le sculpteur, qui l'avait érigée voilà près d'un siècle, pourtant, l'avait prise pour modèle. « Mais enfin, s'étonna le père, quel genre d'époux souhaites-tu, à la fin ? » Après un long, un très long silence, Myrrha répondit : « Quelqu'un comme toi, père ! » N'entendant pas l'ambiguïté tapie dans la parole de sa fille, le père se réjouit : « Conserve à jamais cette piété filiale, mon enfant... » Et Myrrha, rougissant, baissa les yeux en silence... Pouvait-il se douter à quel point sa fille était un monstre ?

Ce soir-là, elle ne parvint pas à dormir, oscillant sans cesse entre un désir qui battait la cadence dans chaque veine et un remords qui rongeait son cœur à lui donner la nausée. Elle voulut en finir. Soudain décidée, elle se leva et attacha une corde à la poutre qui traversait le toit de sa chambre. Elle espérait seulement que son père, qu'en ses rêveries elle appelait par son prénom, que Cinyras, son bien-aimé, comprenne après sa mort le motif de son geste. Elle serra la corde à son cou, balança le tabouret sur lequel elle s'était juchée et dit dans un souffle : « Adieu, mon amour ! »

Sa fidèle nourrice, cette paysanne qui lui avait donné le sein, qui l'avait nourrie et bercée, qui la chérissait plus que tout au monde – la vieille Hyppolité, malade d'inquiétude devant les angoisses qu'elle percevait dans l'âme de son enfant, la guettait depuis des semaines. Elle pressentait l'imminence d'un malheur. Sitôt qu'elle entendit la phrase funeste, elle se précipita dans la chambre. Devant le corps suspendu, elle poussa un cri. Vite, elle trancha la corde, recueillit la jeune fille dans ses bras en se lamentant. Le corps de Myrrha était répandu sur le sol. Et Hyppolité pleurait, s'arrachait les cheveux, déchirait sa tunique. Berçant dans ses bras la tête congestionnée de Myrrha, elle implorait les dieux, la terre, les démons de redonner vie au corps de son enfant.

Lentement, Myrrha revint à elle. Lorsqu'elle ouvrit les yeux, sa nourrice l'interrogea, lui demandant les motifs de son désespoir. « Va-t-en, répondait la jeune fille, ne te mêle pas de cela, c'est un crime ! » La vieille tressaillit alors. Un frisson d'épouvante lui traversa le corps. Elle insista. « Un crime ? » Elle exigeait de savoir. Elle pleura, supplia. Et l'autre restait silencieuse, renfrognée. La nourrice dénuda son sein et exhibant cette poitrine flétrie, rappela à l'enfant que c'était de là qu'elle tirait sa vitalité. Pouvait-elle se cacher devant ce sein qui l'avait nourrie ? Myrrha gardait la tête baissée, en silence. « Parle, suppliait Hyppolité ; et au nom de ce sein qui t'a donné la vie, je saurai t'aider. Si quelqu'un t'a fait du tort, je trouverai les herbes magiques, les talismans qui lèveront le sort. » Devant le silence de l'enfant, la vieille menaça alors de tout raconter au roi, jusqu'à la tentative de suicide… « Ah, s'il savait ! », murmura Myrrha. « C'est un amour, n'est-ce pas ? demanda la nourrice, saisie d'une soudaine intuition, un amour impossible… avec un palefrenier, peut-être, ou un vieux baron, qui sait ? »… Et la jeune fille prononça ces mots, ces simples mots : « Oh, que ma mère est heureuse avec son époux... » Quelle étrange parole ! Le corps de la nourrice comprit avant sa pensée. La terreur s'inscrivit sur son visage, ses cheveux se dressèrent sur sa tête, ses mains, ses pieds devinrent comme des morceaux de glace. « Ton père ? », demanda-t-elle. Et Myrrha confirma d'un signe de la tête. Oui, c'était bien lui l'objet unique de sa passion. Hyppolité tenta de raisonner Myrrha. « Impossible... interdit... monstrueux... contraire aux lois de la nature... » Arguments inutiles, Myrrha les avait déjà tous passés en revue, ressassés durant ses nuits d'insomnie. Sa décision était prise. Si elle ne pouvait posséder le roi ; si elle ne pouvait l'aimer jusqu'à l'extrême limite de son désir, elle n'avait plus qu'à mourir. Et Hyppolité, la nourrice, la génératrice de vie, qui ne pouvait supporter la douleur de sa protégée lui dit enfin : « Reste vivante ! Tu le posséderas... Je le dis ! Au nom des Dieux tout-puissants ; au nom d'Aphrodite, la maîtresse des mondes, je te le promets ! »

Tous les jours, Myrrha accablait de plaintes douloureuses sa nourrice Hyppolité. A-t-elle enfin trouvé un moyen de tenir sa promesse ? Quand finirait-elle par accéder à son père ? La vieille prétendait attendre le moment propice. En vérité, elle cherchait l'idée qui lui permettrait de tromper le roi.

Cette idée lui vint avec les fêtes à Cérès, les grandes cérémonies annuelles à la terre-mère, qu'en Grèce on appelle Déméter. Lorsque les épouses, vêtues de blanc, offraient en procession les prémices des récoltes à la déesse, tout contact amoureux avec leur mari leur était interdit. Et la mère de Myrrha, la reine, la pieuse Cenchréis, était la première à célébrer le culte et à respecter les interdits. Le roi serait donc seul dans sa couche durant neuf nuits. Dans les jours qui précédaient ces fêtes que l'on appelait Ambarvalies, la nourrice partit trouver le roi, Cinyras. Elle choisit son moment, au cours d'une beuverie avec ses amis. Elle savait que son esprit, enflammé par le vin, frémirait à sa proposition. Elle lui parla d'une jeune fille qui l'aimait en secret et souhaitait l'approcher. Une jeune fille de bonne famille, précisa-t-elle, et même de très noble extraction. Il s'enquit de son identité. Non ! C'était bien la seule question à laquelle elle ne pouvait répondre. Cette jeune fille, il ne connaîtrait jamais son visage. Il ne la verrait ni ne l'entendrait – il pourrait seulement la sentir, la toucher et l'approcher. Il ne connaîtrait jamais son nom ni celui de ses parents. Elle arriverait à nuit noire, se glisserait dans sa couche et partirait avant l'apparition des premières lueurs. C'était la condition qu'elle mettait à leur rencontre. Amusé, le roi s'enquit encore. « Dis-moi, la vieille, à quoi ressemble donc cette enfant ? Peut-être un laideron, ou même un monstre… » « Non, mon prince ! S'offusqua la nourrice. Elle est belle comme la lumière. Comment te dire… Elle est belle comme… comme Myrrha. » À ces mots, le roi accepta. D'aucuns penseront peut-être qu'une part infime de lui-même avait saisi qu'il s'agissait de sa fille… Nul ne saura jamais. Mais c'est bien à ces mots qu'il accepta la proposition de la nourrice. Il s'engagea à laisser partir la jeune amante au plus profond des ténèbres, avant les premières lueurs, sans la voir, sans lui parler, sans lui demander de se nommer. Ils prirent rendez-vous, le premier soir des Ambarvalies.

Cette nuit-là, la lune était cachée par les nuages. C'était une nuit sans fond, une nuit noire. Myrrha se rendait à la chambre de son père, en suivant dans l'obscurité les interminables couloirs du palais, accompagnée d'Hyppolité. Par trois fois, son pied trébucha, le funeste hibou fit entendre son cri ; au-dehors, le vent fit vaciller les arbres. Elle eut peur, bien sûr, pensant que c'étaient de sombres présages que quelque dieu lui adressait. Elle serra plus fort la main de sa nourrice et avança vers son destin en tremblant. Elle entra sur la pointe des pieds.

Cinyras rassura la jeune fille qui ne connaissait rien de l'amour. Peut-être même, s'autorisant de son âge, lui murmura-t-il : « Ne crains rien, ma fille... » « Ma fille »... comme ce mot sonna à l'oreille de Myrrha, l'apaisant et l'excitant tout à la fois. Elle se glissa dans son lit, dans ses bras. Elle s'enlaça à son corps comme le lierre enserre le tronc du chêne. Elle avait tant attendu ce moment. Et le père accueillit sa propre chair dans sa couche.

Myrrha s'unit avec son père. Nuit après nuit, l'homme découvrait un corps qui pourtant était le sien, une âme qui n'était qu'une part de la sienne. Que percevait-il de l'amante dans l'obscurité de la chambre ? Le brocart de sa peau, les senteurs de sa chair, la réverbération de la force de son propre désir. Privé du regard et de la parole, il ne savait distinguer la frontière entre ce corps et le sien, entre la douceur de la peau de Myrrha et la tension de son propre désir. Les sentiments commencèrent à naître dans le cœur de l'homme mûr, enivré des parfums de Myrrha. La nuit suivante, il attendit fébrile l'arrivée de l'amante et la suivante, et encore... Chaque nuit, son amour devenait plus fort. La neuvième nuit, n'y tenant plus, il alluma une torche pour apercevoir le visage de l'aimée.

Peut-être les éléments se déchaînèrent-ils à ce moment précis ? Peut-être le tonnerre explosa-t-il et la foudre fendit-elle le ciel, mais il est certain que la chouette hurla par trois fois à l'instant où il reconnut Myrrha.

D'un coup, il comprit la supercherie et prit conscience de la souillure à laquelle sa fille l'avait contraint. Ses yeux s'obscurcirent ; la colère ravagea son âme. Le malheur s'abattit sur sa maison. Sans un mot, il se dressa, nu et dégaina son glaive de son fourreau, étincelant sous les feux du flambeau. Myrrha s'enfuit à toutes jambes. Brandissant l'épée, il la poursuivit à travers le palais. Elle fuyait en hurlant les bras dressés vers le ciel. Il la pourchassa, l'arme dressée. Il la poursuivit à travers les ruelles et les jardins ; il la poursuivit au-delà des portes de la ville. Il la poursuivit sur les chemins, dans les forêts, dans les montagnes. Durant neuf lunes, elle erra par les pays, depuis les champs de Panchaïe jusqu'aux déserts d'Arabie. Il la poursuivait toujours. Parvenue au plus loin, en terre de Saba, elle tomba sur le sol, épuisée. L'enfant qu'elle portait dans ses flancs était devenu trop lourd pour sa course. Envahie par le désespoir, elle adressa une prière aux dieux.

« Je reconnais ma faute ! hurla-t-elle en direction des cieux. Épargnez-moi, je vous en supplie. Vivante, je porte la honte aux vivants ; morte, je souillerai la terre où on m'ensevelira. Je vous en supplie ! Sortez-moi de là, changez-moi de monde. Je veux devenir oiseau. »

Ovide dit ici qu'il est toujours un « dieu accessible aux coupables en aveux ».

Les dieux entendirent sa prière. Aphrodite, la première, accéda à sa demande. Tandis que Myrrha, les bras au ciel, continuait d'implorer les immortels, la terre – oui, la terre elle-même – se mit à monter sur ses jambes. Sa peau se fit écorce, se bras devinrent branches, ses doigts feuilles, son sang se transforma en sève. Et tandis que le tronc était en train de se refermer sur sa tête, pensant une dernière fois aux neuf nuits d'amour avec son père, à cet amour qu'elle savoura durant neuf nuits et qu'elle ne connaîtrait plus jamais, elle versa des larmes amères. Le tronc se referma, mais les larmes continuèrent à s'écouler à travers l'écorce.

Ces larmes sourdent toujours du tronc. On les recueille encore de nos jours car elles renferment ce parfum indispensable à qui veut inspirer l'amour : la myrrhe.

En grec, on appelle cet arbre *múrrha*, l'arbre à myrrhe, le balsamier. Certains disent que ce nom provient d'un mot sémite, *múrr*, qui signifie « amer » en arabe… Car ce qui s'écoule au travers de l'écorce est aussi *amer* que les larmes de Myrrha.

L'arbre se tordit, comme s'il était pris de douleur. Une boursouflure apparut sur le tronc et se mit à enfler jusqu'à atteindre la taille d'un agneau. L'écorce de l'arbre se craquela, se souleva, se fendit et on vit apparaître un enfant qui, tombé sur le sol, reçut le nom d'Adonis. Sa beauté était troublante, au point qu'Aphrodite, après l'avoir parfumé des larmes de sa mère, l'enferma dans un coffre afin de le dérober aux regards des autres dieux. Elle confia cette caisse aux soins de Perséphone, maîtresse divine du monde des morts. À peine Perséphone en souleva-t-elle le couvercle, à peine eut-elle jeté un regard sur l'enfant, qu'elle en tomba amoureuse à son tour et refusa de le restituer. Et les deux déesses de se disputer la garde d'Adonis. Elles ne parvinrent pas à s'entendre et en appelèrent à l'arbitrage du père des dieux. Zeus statua ainsi. Il divisa l'année en trois. Il décida qu'Adonis passerait un tiers de l'année avec Aphrodite, un tiers avec Perséphone et le troisième tiers de l'année à sa guise. Mais Adonis choisit d'en passer deux tiers avec Aphrodite et un seul avec Perséphone.

Ainsi naquit Adonis, dont le nom, phénicien, signifie le « maître », car il préside au destin des humains de l'intérieur de leur âme.

Adonis est né de l'amour seul, de cette passion absolue, totale, plus forte que les lois des hommes, plus puissante que leur volonté, de cette vague qui emporte les humains, eux qui n'en connaissent jamais le motif. *Tel fut Adonis aux deux épouses, amant de l'amour, la mort pour maîtresse.*

On dit qu'il passait des heures dans des ébats amoureux avec sa déesse Aphrodite. Elle l'aimait tant qu'elle ne voulait perdre un seul instant en sa compagnie. Elle savait que sa vie serait brève. Plus tard, bien plus tard, le dieu, encore éphèbe, périt au cours d'une chasse, sous les coups d'un sanglier qui l'avait acculé dans un carré de laitues. Adonis fait donc partie de ces dieux morts – je veux dire de ces dieux que l'on adore ainsi. Il en est d'autres, tout aussi connus que lui, Osiris, bien sûr, l'Égyptien, à la fois dieu mort et dieu de la mort, l'étrange Attis, lui aussi originaire du Liban, à l'histoire aussi complexe que celle d'Adonis et, plus près de nous, Jésus-Christ, et peut-être même Ali, le gendre du prophète Mahomet, pour autant qu'il est devenu pour certains l'égal d'un dieu.

Quant aux humeurs de Myrrha, sa tristesse, son amertume, elles ont été transmutées par l'arrivée d'Adonis ; elles sont devenues parfum. On raconte qu'autrefois les roses étaient seulement églantines, belles, sans doute, mais incolores et inodores. Aphrodite, se précipitant dans le champ de laitues pour sauver son amant, se piqua les jambes à leurs épines. Son sang pigmenta les fleurs qui, depuis sont roses et les parfuma jusqu'à nos jours où ces fleurs lui sont encore dédiées. Qui veut convaincre une belle de son amour lui offre toujours des roses pour se concilier l'entremise d'Aphrodite. On a raconté tant de choses au sujet de la myrrhe. De chaque goutte de sang que perdit Adonis naquit une sorte d'anémone ; de chaque larme d'Aphrodite pleurant sa mort, une qualité de rose.

On récolte encore la myrrhe sur le tronc du balsamier (*Commiphora myrrha*), d'où elle suinte à travers l'écorce et se solidifie à l'air[1]. On sait la distiller depuis la plus haute Antiquité en une huile épaisse à la couleur de feu.

La nature d'Adonis

Adonis deviendra un dieu – son nom l'y prédestinait. Les juifs, qui ne prononcent pas le nom du leur, même lorsqu'ils le lisent dans la Torah, le remplacent systématiquement par le mot *Adonaï*, « mon seigneur ».

1. On trouve le balsamier en Éthiopie et en Somalie. Il s'agit d'un arbuste, mais il peut tout de même atteindre six mètres. À la fin de l'été, des fleurs blanches apparaissent sur les branches et des nœuds se forment dans le tronc, qui peuvent en effet évoquer une « grossesse ». C'est alors qu'on l'incise. Une résine jaunâtre s'écoule qu'on laisse sécher à l'air libre. Elle deviendra rousse brunâtre et sera récoltée aux mois les plus secs.

Le surnom du dieu juif est très proche du nom de son voisin, un nom de là-bas, indubitablement, du Moyen-Orient, du Liban, sans doute, dans une langue sémitique, comme l'hébreu. Adonis est, de fait, cousin d'Adonaï, le dieu des juifs, à plus d'un titre, comme on va le voir plus loin.

Sa naissance, cependant, indique très clairement sa nature. Il est né de la boursouflure qui a enflé le tronc de l'arbre à myrrhe. Il provient de là, des concrétions que forment les larmes de résine lorsqu'elles ont séché, amas de couleur fauve, qui ressemble, du reste, à la délivrance des femmes. Adonis est contenu dans cette résine ; il faut savoir l'en extraire, délicatement, selon des procédures transmises oralement, de génération en génération. Alors, si la résine est son placenta, Adonis est parfum. Sitôt apparu, il rend les autres êtres fous de désir. Lorsqu'elle l'aperçoit – lorsque ses effluves lui parviennent –, Aphrodite en tombe éperdument amoureuse ; Perséphone veut le garder dans son coffre, pour elle seule, pour son seul usage, pourrait-on dire, car il s'agit à la fois d'un enfant et d'un produit de beauté. Oui, Adonis est parfum ! Une autre version du même récit raconte que la folle passion qui s'empara des deux déesses avait été provoquée, non par l'enfant, mais par la résine sécrétée par l'arbre à myrrhe, étrange substance, renfermant une « essence piquante qui déclenche le désir et le rend brûlant » (Ovide).

La myrrhe est par excellence le parfum qui déclenche le désir sexuel. Ainsi, lorsque Esther est choisie pour devenir l'épouse d'Assuérus, le roi des Perses, on la prépare durant les six premiers mois par des onctions à l'huile de myrrhe, durant les six mois suivants avec l'huile du baumier et d'autres onguents de femme[1]... Six mois de l'un, six mois de l'autre et, au bout d'une année, la promise était prête à l'amour le plus haut, destiné à garder le royaume en vie.

La myrrhe, comme on le sait, servait aussi à prendre soin des morts, à embaumer les cadavres avant l'enterrement[2]. Le mot « embaumer » provient directement de l'usage des humeurs du balsamier qui étaient utilisées en association avec la myrrhe pour parfumer les morts, en retirer les miasmes, pour la momification, aussi.

Une partie de l'année pour l'amour (pour Aphrodite), une autre partie pour la mort (pour Perséphone)... *car le parfum sert tout à la fois à exciter le désir sexuel des vivants et à préparer le mort à son dernier voyage.* Parfum divin, dans l'Antiquité, au Moyen-Orient, en Grèce, à Rome, la myrrhe présidait aux moments fondamentaux de l'existence, ceux où l'être s'échappe à lui-même. Il servait aussi à honorer les dieux. On en usait en fumigations dans les temples païens, dans le temple juif, dans les églises, encore aujourd'hui en Orient...

C'est donc ainsi que l'on racontait, dans l'Antiquité, tant la naissance d'Adonis que l'origine de ce parfum

1. L'huile du baumier étant le second parfum apte à déclencher le désir. « Et quand arrivait le tour, pour chaque jeune personne, d'entrer chez le roi Assuérus, après qu'il lui avait été fait selon le règlement des femmes pendant douze mois – car c'est ainsi que s'accomplissaient les jours [consacrés à] leur traitement par massage : six mois avec de l'huile de myrrhe et six mois avec de l'huile de baumier et avec les massages des femmes », Esther, 2-12.

2. « Nicodème, l'homme qui, la première fois, était venu vers lui de nuit, vint aussi, apportant un rouleau de myrrhe et d'aloès, environ cent livres. Ils prirent donc le corps de Jésus et le lièrent de bandes avec les aromates, comme les juifs ont coutume de préparer un enterrement », Jean, 19-39, 40.

puissant, la myrrhe. C'est ainsi que je le raconte aussi, pour saisir au plus près la nature de cet être que l'Antiquité a identifié avec tant de précision.

Parfum d'amour

Adonis est donc parfum, ou plutôt, le parfum qui déclenche l'amour, *est Adonis*. Les récits racontant la naissance et la vie d'Adonis permettent de définir la nature de son être, de comprendre ses modes d'action, d'appréhender les voies de son efficacité. Pourquoi l'Antiquité, et plus particulièrement le Moyen-Orient, à mi-distance entre les substances (l'Arabie) et les êtres, berceau de tant de dieux, a-t-elle identifié cet hybride singulier ? On l'a pensé vivant mais fragile, impalpable, volatil. On l'a pensé aussi matière, substance active, comme une drogue, qui modifie notre regard en troublant notre humeur, qui guide à notre insu notre appréhension du monde. Le résultat de son action, on le connaît ; il contraint aux liens les plus forts et les plus inattendus. La philosophie profonde de cette définition, celle qu'il nous faudra retenir, car elle est encore vraie de nos jours, c'est que l'amour ne provient pas de la raison ; le désir ne siège pas dans la personne. Il provient d'ailleurs, de très loin. Il naît de l'intervention d'un tiers. Plus le tiers est proche du divin et plus le désir est puissant, incoercible. Adonis est-il un dieu de l'amour ? Si on veut !... Un dieu-amour, plutôt – mais cette notion a tellement été utilisée par le christianisme qu'on a aujourd'hui quelque mal à la penser[1]. Dieu-amour… je veux dire qu'il est la substance même, le *pharmakon*, disaient les Grecs, l'opérateur qui contraint, qui conduit l'amante à l'amant, l'âme du mort vers le monde des âmes, la prière vers le dieu auquel elle est destinée. Cette substance est un véhicule.

Adonis est donc un dieu-substance, à la fois être et produit. C'est ainsi que, dans le vocabulaire amoureux des Grecs, son nom était synonyme de parfum et d'amant[2]. L'Antiquité était allée bien plus loin dans son identification. On pensait alors que les parfums, les essences, comme le cinnamome ou la myrrhe, ne pouvaient se récolter que dans les régions du monde brûlées par le soleil. De fait le balsamier, l'arbre à myrrhe, pousse sur une terre très sèche, presque désertique. Il se reproduit de manière inattendue dans les périodes de sécheresse extrême, durant les périodes où tous les autres végétaux périssent. C'est un petit arbre, dont la taille dépasse rarement trois mètres, aux branches hérissées d'épines. À la fin de l'été, elles se couvrent de

1. Jésus-Christ n'est d'ailleurs pas sans lien avec Adonis, dieu mort, comme lui, concurrent en amour, aussi, du moins au début de l'instauration du christianisme. Pour preuve ce récit rapporté par saint Jérôme : « Jérôme, qui écrit sans doute vers la fin du IVe siècle, raconte comment un jeune homme de Gaza se voit éconduire par une jeune chrétienne, qui choisit la vie d'une "vierge de Dieu". Le jeune homme grave sur des tablettes de cuivre des incantations et des dessins magiques qu'il enterre sous le seuil de la maison de la jeune femme. Aussitôt, la vierge devient folle, faisant tournoyer ses cheveux, sifflant entre ses dents et appelant le nom du jeune homme. Ses parents la conduisent chez un saint, qui diagnostique sagement la source de l'attaque et ramène la jeune femme à la santé et à la chasteté », saint Jérôme, *Vie de saint Hilarion l'Ermite*, XXI… *in* Christopher A. Faraone, *Philtres d'amour et sortilèges en Grèce ancienne*. Paris, Payot, 2006, p. 82.

2. « Répands sur lui des onguents de Syrie, répands sur lui des parfums. Périssent tous les parfums. Lui qui était ton parfum, Adonis, a péri », Bion, *Adonidos epitaphios*, 77, 78.

fleurs de couleur rouge orangé et le tronc se gonfle d'innombrables nœuds. De ces boursouflures s'épandra la myrrhe, en petites larmes dorées, que l'on recueille une fois séchées. Des inscriptions datant du XVe siècle av. J.-C. indiquent que la reine Hatchepsout envoya une expédition au pays de Pount (sans doute la Somalie) afin de rapporter des plants de myrrhe pour le temple qu'elle était en train de faire construire à Deir el-Bahari. Mais les arbres n'ont pu s'acclimater en Égypte. Aujourd'hui, la myrrhe utilisée en parfumerie provient encore d'Éthiopie, de Somalie, des principautés du Golfe. Il est toujours vrai que les parfums mûrissent de la terre d'Arabie, comme si la tourbe en avait été littéralement essorée par la chaleur jusqu'à en extraire le jus. Je me souviens d'une expédition au lac *'assal*, situé en plein centre de Djibouti, à plus de cent cinquante mètres sous le niveau de la mer, avec le poète Chehem Watta[1]. Paysage lunaire constitué d'une étendue infinie de cristaux de gypse sur près de dix kilomètres. La température peut y atteindre 60 degrés. Des sources salées surgissent çà et là ; l'eau de celle de Korile est à 82 degrés. Là, les odeurs s'exhalent du sol, en d'infinis mélanges. C'est dans de tels paysages que, de nos jours encore, en Arabie, en Éthiopie, au Soudan, l'on consomme le plus de parfums, que l'on honore la création d'une nouvelle combinaison d'essences comme la naissance d'un nouveau dieu.

Deux oiseaux volent très haut jusqu'à atteindre le soleil, prétendaient les Grecs dans leurs mythes : les aigles et les vautours. L'un se nourrit de viande fraîche, d'ani-

1. Voir par exemple *Sur les soleils de Houroud. Poèmes*, Paris, L'Harmattan, 1997.

maux qu'il a capturés et tués, l'autre de charognes, de chairs putréfiées, de carcasses abandonnées. L'aigle recherche l'altitude alors que le vautour, attiré par le bas, scrute sans cesse le sol. Lorsqu'on observe ces deux rapaces, on voit l'aigle s'élever et le vautour chercher à s'abattre. Le vautour, oiseau de mort, semble attiré par l'odeur putride des cadavres. À l'inverse, le contact des aromates, l'onction du parfum redonnent vie, pensait-on, à l'aigle blessé. Et l'aigle, vieilli monte le plus haut possible, s'approchant du soleil, tel Icare, jusqu'à se laisser griller les ailes. Car le feu du ciel peut le revigorer au point que certains aigles y acquièrent une nouvelle jeunesse. Le phénix, oiseau mythique, que l'on peut considérer comme un « super-aigle », pouvait vivre jusqu'à mille ans. Et quand survenait le terme de sa vie, il s'envolait vers les terres de l'« Arabie heureuse », où il se couchait sur des aromates et du bois sec. Il y mettait le feu et, après avoir entièrement brûlé, il renaissait de ses cendres, identique à lui-même. Car le phénix était à la fois un aigle et un encens. On ne connaissait pas sa nourriture. Certains prétendaient qu'il se suffisait des rayons du soleil, d'autres, des senteurs des vents marins, d'autres encore des larmes de la résine, justement. Ne se nourrissant que de vents, le phénix n'exonérait aucun excrément, juste un petit ver, l'aromate cinnamome, une sorte de camphre, dont se servaient les rois et les princes pour sacrifier aux dieux[1].

Ainsi le parfum est-il avant tout volatil. Comme si les Grecs avaient pris le mot au pied de la lettre, ils l'ont assimilé

1. *Cf.* Marcel Détienne, *Les Jardins d'Adonis. La mythologie des parfums et des aromates en Grèce*, nouvelle édition revue et augmentée, Paris, Gallimard, « Folio », 2007.

à l'oiseau royal. Sa nature est de monter vers la chaleur du soleil en traversant les brumes et les fumées[1]. C'est pourquoi il faut savoir le contenir, trouver des boîtes, des flacons, des graisses, des alcools, des pierres pour le retenir. Attiré par le feu qui exprime sa nature, il est parent des vents. On brûle les parfums pour imprégner les espaces, les meubles, les étoffes, la peau des personnes aussi. On le contient dans une graisse (dans du beurre, comme les Égyptiens de l'Antiquité et les Éthiopiens), dans des onguents gras, comme on le fait encore de nos jours. On l'applique alors sur la peau par onctions, longues, répétées. On l'enferme dans des alcools. Dans ce cas, il est aussi volatil que sa prison. On l'applique par touches, subtiles fugaces et il peut alors s'infiltrer dans tous les recoins, jusqu'aux parties réservées du corps.

Charmes

À Athènes, au Ve siècle av. J.-C., on fêtait ce dieu très populaire durant des fêtes qu'on appelait *Adonies*. Fêtes privées, elles se déroulaient chez un particulier et non dans un sanctuaire. On y invitait amants, amantes et courtisanes, et on se livrait durant un jour et une nuit aux jeux de la séduction. On s'y rendait masqué, on évitait de parler, on riait surtout... Dans ces lieux, c'était débauche de parfums, d'aromates et d'actes d'amour. Honorer ce dieu si

1. « Parfum », du latin *per fumum*, « à travers la fumée ».

particulier, c'était accepter la séduction fondamentale, qui se joue des statuts et des paroles, qui laisse agir les seuls charmes, comme dans le récit mythique de Myrrha, dans l'obscurité, royaume des senteurs et des murmures.

Le parfum, l'essence même d'Adonis, était susceptible, on le savait, de favoriser les rapprochements que rejette la société, de séparer femme et mari, amant et maîtresse, d'attirer, surtout, par une force irrésistible, vers le compagnon inattendu, celui d'une heure ou de quelques nuits.

Tous les éléments du parfum sont contenus dans la légende. Myrrha, on l'a vu, est happée par le désir – un désir qu'elle reconnaît à peine comme sien, qu'elle ne sait contrôler, qui l'envahit à la rendre folle. Il agit sur elle comme une substance, un toxique. On pourrait dire que la substance lui parvient avant le désir. Le désir-substance court-circuite l'entendement, saborde la raison, laissant place à des sensations si difficiles à nommer. Et, pour souligner que ce désir ne provient en aucune manière de la personne, Myrrha subira une attirance impossible, contre-nature, monstrueuse, un inceste. Malgré ce que l'on peut penser aujourd'hui, notamment après cent ans de vulgate psychanalytique où le nom d'Œdipe s'est trouvé associé aux « désirs refoulés », les Grecs n'ont jamais imaginé qu'éprouver du désir sexuel pour ses parents était dans la nature de l'être humain. Disons les choses clairement : pour les Grecs, *Œdipe n'avait pas de complexe d'Œdipe*[1] ! Si, dans la mythologie, il s'accouple avec sa mère, c'est qu'il est le jouet des dieux. Il commet l'inceste sans le savoir et, lorsqu'il finit par

1. Jean-Pierre Vernant, « Œdipe sans complexe », *in* J.-P. Vernant et P. Vidal-Naquet, *Mythe et tragédie en Grèce ancienne*, Paris, Maspero, 1972.

l'apprendre, il cherche par tous les moyens à se donner la mort. Lui aussi est pris dans le même dilemme que Myrrha : il ne peut ni vivre ni mourir. S'il reste vivant, il souille ceux qui l'approchent ; s'il est enterré, il souille la terre qui l'accueille. Il ne veut ni maudire les siens ni stériliser sa patrie. Il ne peut par conséquent ni se suicider ni continuer à vivre. C'est ainsi qu'il doit d'abord se purifier par une punition exemplaire. C'est pourquoi, dans la pièce de Sophocle, on le sait, Œdipe se crève les yeux avec les broches de sa mère-épouse Jocaste. Il vivra ensuite de mendicité, aveugle et banni, accompagné par sa fille, Antigone, son bâton de vieillesse. De même il serait anachronique de prétendre que Myrrha éprouvait un désir « inconscient » pour son père. Cette pensée est radicalement étrangère à la légende grecque. Le récit est bien plus subtil, bien plus proche de la vie réelle. Myrrha s'est sentie capturée par une force incontrôlable, qui provenait d'ailleurs, de la déesse Aphrodite. Une fois installée en elle, rien ne pouvait chasser cette force, ni la raison ni les menaces. Rien ne pouvait l'en distraire. Le désir qui lui est *imposé* est aussi envahissant, aussi prégnant qu'une odeur. Sa pensée s'y oppose, pourtant ; sa famille, son entourage ne peuvent même l'imaginer. Seule la nourrice, celle qui sut prendre soin de son corps, consent à l'aider.

Ce désir, on l'a compris, c'est la passion amoureuse. Son origine ? Un charme ! L'ensorcellement implacable d'une déesse. Un parfum, sans doute, ou plus encore que le parfum, l'esprit même contenu dans le parfum, cet être singulier qui, comme l'exprime la légende, sitôt apparu, rend celui qui le perçoit fou de désir.

Odeurs

L'odorat est le sens le plus mystérieux. Malgré les progrès considérables réalisés ces dernières décennies, notamment dans l'identification des hormones et des gènes, son fonctionnement biologique n'a pas été totalement élucidé. Produit de processus chimiques complexes, il est à la fois le plus « cérébral » (on perçoit une odeur autant avec son cerveau qu'avec ses narines), tout en étant le plus instinctuel, le plus immédiat. Lorsque l'information nous parvient, il est déjà trop tard, l'odeur est déjà là. Alors qu'on peut entendre et voir de loin, on sent et on goûte de près, de tout près… On perçoit les odeurs du monde dès lors qu'elles nous ont pénétrés. C'est sans doute la raison pour laquelle près de cinq siècles de civilisation de l'Europe ont été presque totalement consacrés à la lutte contre les odeurs. Dès la fin du Moyen Âge, on commence à penser que les épidémies sont apportées par les mauvaises odeurs, le « mauvais air » (*malaria*). On estime à vingt-cinq millions, les victimes de la grande peste qui sévit en Europe entre 1347 et 1352 (de 30 à 50 % de la population). On fit disparaître les étuves, les bains publics car l'on pensait que la vapeur dilatait les pores de la peau, favorisant l'entrée de la maladie. L'infection arrivait sous forme de miasmes, d'odeurs et, naturellement, on la combattait par des parfums, en fumigations, en lotions, au creux d'amulettes odorantes que l'on portait au doigt, à la ceinture, sous les vêtements. Cette époque où les odeurs envahissaient les villes au point que certains quartiers de Paris tenaient du cloaque, était consciente jusqu'au paroxysme de l'extrême difficulté de lutter contre elles.

Il n'est guère que le toucher qui peut être comparé à l'odorat, un sens immédiat, lui aussi, où on ne sait distinguer qui touche de qui est touché. Mais le toucher est généralement guidé par le regard alors que l'odeur s'infiltre, invisible, jusqu'au tréfonds.

Il est une autre caractéristique de l'odeur, c'est qu'elle est à la fois substance, objet du monde extérieur et ambiance. On baigne dans une odeur jusqu'à ne plus pouvoir la distinguer, si bien que l'on dit qu'on ne sent pas sa propre odeur. Son invasion est fourbe. Lorsque l'esprit nous alerte, elle est déjà là et lorsqu'elle s'est installée, on la perd presque aussitôt, si proche qu'elle n'est plus perceptible, ne sachant plus ce qui la distingue de notre moi propre. Elle devient comme l'air qu'on respire, un milieu, comme l'eau dans laquelle nage le poisson – le poisson a-t-il conscience de l'existence de l'eau ?

Eh bien, la passion amoureuse est ainsi. À la fois odeur et substance, elle survient sans prévenir et se manifeste sous forme d'émotions. Une fois installée, elle nous est une nature – tout juste laisse-t-elle place à des sentiments qui alternent révolte et soumission –, très précisément les émotions qu'a traversées Myrrha.

Si la passion agit à l'image d'un parfum, le parfum peut-il contribuer à déclencher la passion ? Sans doute certains parfumeurs le pensent-ils, qui donnent des noms évocateurs à leurs productions – *Absolutely irrésistible* de Givenchy, *Alchimie* de Rochas, *Hypnôse* ou *Magie noire* de

Lancôme, ou *Trouble* de Boucheron[1]. Dans le passé, ils ont même clairement fait référence à la légende de Myrrha, comme la *Vierge folle* de Gabilla, créé en 1911 ou *Divine folie* de Jean Patou, en 1933. Mais quel serait précisément le rôle du parfum dans le déclenchement de la passion ? Un support technique, un adjuvant ou un élément constitutif des magies d'amour ?

Nous nous trouvons à un carrefour, à l'endroit où se croisent des pensées antiques, les mythologies millénaires, sans doute à l'origine de l'invention des parfums et les pensées les plus modernes de la biochimie de l'amour. Arrêtés là, médusés par les découvertes les plus récentes, nous nous surprenons à penser que les mythes des anciens ne sont pas que du folklore.

Quand la chimie retourne à l'alchimie

Une hormone est une molécule produite par une glande, dite endocrine, c'est-à-dire qui diffuse dans le système interne, généralement dans le sang. Véhiculée en quantité infime, l'hormone s'en va porter un message en stimulant des récepteurs spécifiques sur la membrane d'une

1. Il semble que les noms des parfums fluctuent en fonction des modes – ce qui explique la très grande variété des critères de choix. Voir par exemple Pierre Bessis, « Les noms des parfums », *Communication et langages*, 1er trimestre 1978, n° 37, p. 100-111.

cellule-cible d'un organe éloigné. On sait que la communication entre certains organes au sein du même organisme est assurée par ce type de messagers. Les hormones ont un rôle essentiel dans certaines fonctions biologiques, notamment dans les processus de la reproduction et par conséquent dans la sexualité. Les corps vivants sont ainsi constamment traversés par d'innombrables messages chimiques, qui s'ajoutent, s'annulent, se composent, réglant l'homéostasie d'un système qu'il est aisé d'imaginer complexe. Communication interne – on n'a pas encore mesuré l'importance de ce bombardement permanent de messages qui circulent dans le corps. Mais, depuis les années 1950, on a découvert un système comparable, destiné à agir non pas à l'intérieur, mais à l'extérieur de l'organisme, et d'abord dans le monde animal. Lorsque deux fourmis se croisent, elles suspendent leur chemin un instant, se tapotent les antennes. Elles se sont reconnues. De la même espèce, membres d'une même fourmilière, elles ne s'affrontent pas. Elles échangent une goutte de salive en une sorte de baiser. Par là passent une série de messages chimiques véhiculés par ce que l'on appelle les *phéromones*, des hormones externes, autrement dit. Du grec *pherein*, « transporter » et *hormon*, « exciter », elles sont bien nommées, leur fonction étant de partir exciter des cellules-cibles situées hors de l'organisme qui les a émises, dans le corps d'un autre, d'un congénère. Si les fourmis ne chantent pas, comme on le sait, si elles ne parlent pas, elles s'influencent sans cesse en s'adressant des messages chimiques. Cette découverte a constitué une véritable révolution : on a découvert la complexité des interactions chez les animaux les plus éloignés de l'homme dans l'échelle du vivant, mais aussi pris conscience que cette communication est essentiellement basée sur de subtils mécanismes d'influence. Dans le monde animal, l'efficacité des phéromones est impressionnante. On connaît les phéromones sexuelles émises par certains papillons femelles qui peuvent être reconnues par des mâles jusqu'à dix kilomètres de distance. Là-bas, un papillon a reçu l'information, transmise par quelques traces dans l'air, à peine quelques molécules ; un message qu'on pourrait traduire par la phrase : « Une femelle sexuellement disponible se trouve dans cette direction. » Jusqu'alors on pensait peut-être que les papillons flânaient en voletant. Celui-là, en tout cas, celui qui a reçu le message phéromonal d'une papillonne prête à l'accouplement, fonce dans sa direction, rendu fou amoureux d'une belle qu'il ne connaît pas, dont il a seulement perçu quelques miasmes.

On reconnaît dans cette séquence, réalisées à la perfection, les promesses des marabouts distribuées à la sortie des bouches de métro[1]. *Influencer l'autre à distance et à son insu, jusqu'à le faire courir ventre à terre au pied du demandeur, c'est bien la matière de toutes les magies depuis l'aube des temps.* Et voilà ce rêve réalisé par la biochimie des papillons.

Une telle *alchimie de l'influence* aurait-elle quelque chose à voir avec le comportement amoureux de l'être humain ? C'est évidemment la question qui taraude les chercheurs depuis les années 1990. Ils montent les expériences les plus subtiles pour démontrer l'action des phéromones dans le comportement sexuel et amoureux. Ainsi, des femmes,

---

1. Par exemple, piochée dans le billet publicitaire d'un certain « Professeur Lamine », cette proposition, parmi une vingtaine : « Spécialiste de retours immédiats et définitifs de l'être cher dans la famille ou dans le couple… »

testées en laboratoire, à qui l'on propose une série de chaises disposées au hasard, préfèrent-elles s'asseoir sur celles préalablement aspergées de phéromones mâles. Un comportement spontané, non conscient, peut-il être influencé à distance par des molécules imperceptibles ? Si une telle hypothèse était démontrée, adieu les explications psychologiques, adieu les conseils raisonnables d'Ovide. Place à la chimie ! Mais si chacun pouvait à sa guise arroser les espaces de ses propres phéromones, la masse de signaux créerait un tel brouillage qu'aucun message individuel ne serait plus perceptible. C'est peut-être précisément la vie des grandes cités. Il suffit d'observer l'espace confiné d'un wagon de métro aux heures de pointe. Chacun garde la tête baissée, évitant le regard, fuyant le plus possible le contact, comme si le nombre et la masse des signaux les rendaient de ce fait même imperceptibles, transformés en bruit.

Il est un fait que l'être humain produit, tout comme les animaux, des phéromones, contenues dans tous les fluides sortant de son corps, la salive, la sueur, l'urine, le sperme, les fèces – des signaux d'influence émis involontairement et destinés à des congénères non identifiés. Mais ces phéromones ont-elles la même fonction que chez les insectes, les papillons, par exemple, ou même chez les rats ou les singes ? Il semblerait que non, puisque si les phéromones sont bien émises par l'homme, leur récepteur ne semble pas aussi fonctionnel que chez les animaux. L'organe destiné à les reconnaître existe bien, pourtant, situé dans le nez, appelé *organe voméronasal*. Hypotrophié, il a pu être considéré comme un reliquat non fonctionnel de l'évolution. Il n'en reste pas moins que des études de plus en plus sophistiquées tendent à montrer une certaine action des phéromones, au moins physiologique, chez l'être humain. Il faut donc bien que ce récepteur fonctionne un peu. Une célèbre observation démontrant l'action des phéromones chez les êtres humains est celle de la synchronisation menstruelle dans les communautés de femmes qui, au bout d'un certain temps de cohabitation, ont leurs règles à la même date.

Ce qui nous intéresse ici est bien de savoir si les phéromones jouent un rôle – et jusqu'à quel point – dans l'attractivité d'un partenaire amoureux. Lucy Vincent, qui a écrit un petit livre stimulant, *Comment devient-on amoureux ?*[1], rappelle que si l'organe voméronasal se trouve bien dans le nez, il n'a que peu de rapport avec l'olfaction, puisque les phéromones sont pour la plupart inodores. On renifle une odeur d'une certaine façon, on aspire les phéromones d'une autre, si bien qu'on a même inventé un nom pour ce second comportement : le *flehmen*. On peut distinguer l'absorption des phéromones par le chat, par exemple, qui prend alors une attitude particulière. Il échancre sa lèvre supérieure, fronce les yeux et aspire par la bouche, tout en passant la langue sur ses lèvres. Dans ces moments, il semble absent, comme s'il s'adonnait à un toxique. Il est en train d'aspirer les phéromones à travers la papille incisive, dans l'organe voméronasal, situé derrière ses incisives supérieures. Les phéromones sont des odeurs qui ne sentent rien ; on les renifle, mais on ne les perçoit pas. Si Lucy Vincent est pour sa part persuadée de l'action des phéromones chez l'être humain, elle ne leur attribue

1. Paris, Odile Jacob, 2004.

que la possibilité d'éveiller l'intérêt du partenaire, charge ensuite à ce dernier de séduire, par les paroles et par les actes. Les phéromones serviraient de simple signal pour attirer l'attention. Pourtant, les phéromones contiennent la signature de l'émetteur. Si elles fonctionnaient comme chez les papillons, elles devraient conduire la personne convoitée, comme téléguidée, au pied du producteur de phéromones. C'est précisément ce qui était attendu des philtres d'amour, des amulettes, des objets d'influence occulte, des charmes fabriqués au long des générations, depuis l'Antiquité la plus lointaine. S'il s'agissait seulement de mettre en contact les phéromones avec l'organe voméronasal de la jeune fille, il suffirait d'user d'une autre pratique, bien plus simple qui, semble-t-il, était répandue dans les campagnes autrichiennes au début du XXe siècle. Wilhelm Stekel raconte en effet qu'au cours des bals de campagne, le jeune homme qui voulait séduire une jeune fille gardait un mouchoir sous les aisselles jusqu'à ce qu'il fût imprégné de sa sueur et le mettait sous le nez de la belle à l'acmé de la danse[1]. Avec ce que l'on a appris depuis, on peut imaginer à quel orage phéromonal il exposait ainsi la belle.

Depuis que les phéromones ont été découvertes, il circule une idée simpliste, pas très éloignée de celle des paysans tyroliens, celle de les utiliser comme magie d'amour. Nombreux sont ceux qui se prennent à rêver d'un parfum bourré

---

1. « Les garçons tyroliens ont l'habitude de se mettre un mouchoir dans le creux de l'aisselle ; après la danse, ils tiennent ce mouchoir sous le nez de la danseuse qu'ils désirent et qui leur a résisté. Il paraît qu'alors la résistance est brisée, que la jeune fille entre dans un état d'excitation sensuel extraordinaire et que son admirateur peut faire d'elle ce qu'il veut », Wilhelm Stekel, *La Femme frigide*, Paris, Gallimard, 1973, p. 70.

de phéromones, aux vertus aphrodisiaques. Les laboratoires, dit-on, testent déjà des formules, expérimentant les doses respectives d'essences et de phéromones. Outre que ces applications naïves ressemblent fort aux propositions des charlatans vendant le parfum *Attirance*, « pour attirer vers soi l'amour » ou la *Lotion obligée*, « pour obtenir coûte que coûte l'amour d'une personne »... il est assez probable que tout cela ne donnera lieu qu'à des cacophonies olfactives du type wagon de métro.

Il est une autre sagesse dans la pratique des charmes, plus dynamique que les expérimentations évoquées par Lucy Vincent ou que les expositions des paysans autrichiens. Car ces charmes ne se contentent pas d'éveiller l'intérêt amoureux de la cible ; ils entendent guider son désir, à son insu, jusqu'au demandeur.

Nouvelle investigation sous le regard d'Adonis et d'Aphrodite qui nous a montré l'importance des parfums pour les magies d'amour. Reste tout de même à préciser selon quelles modalités. Si le parfum tient une place de premier plan dans la liste des produits de séduction – disons « rapprochée » –, sans doute avant les vêtements, le maquillage et les paroles, son rôle est plus difficile à définir dans la confection de ces objets conçus pour agir à distance de leur émetteur. Il semble bien, à l'issue de notre analyse, que le parfum est ici utilisé, non pour séduire la personne convoitée, mais pour animer l'objet actif. En cela, il joue un rôle comparable au sang de l'animal sacrifié, ce qui peut sembler logique puisque sang et parfum sont les véhicules privilégiés de l'âme.

L'AMBIVALENCE DES MAGIES D'AMOUR

« Récitez, me dit-il, cette conjuration avec fermeté, et appelez ensuite à trois fois clairement Belzébuth, et surtout n'oubliez pas ce que vous avez promis de faire »...

À peine avais-je fini, une fenêtre s'ouvre à deux battants vis-à-vis de moi, au haut de la voûte : un torrent de lumière plus éblouissante que celle du jour fond par cette ouverture ; une tête de chameau horrible, autant par sa grosseur que par sa forme, se présente à la fenêtre ; surtout elle avait des oreilles démesurées. L'odieux fantôme ouvre la gueule, et, d'un ton assorti au reste de l'apparition, me répond : *Che vuoi ?* »

Jacques CAZOTTE, *Le Diable amoureux*, 1772.

Questions de technique

Quelles questions doit résoudre le fabricant d'une magie d'amour ? Il lui faut d'abord concevoir un objet : statuette préparée, amulette en poterie, en parchemin, en bois, en plomb ou en cuivre... élément naturel travaillé, comme le cadavre d'un animal, un fruit ou une fleur. Et pour cela, la plupart du temps, il copie un modèle. De tels modèles foisonnaient dans l'Antiquité, au Moyen-Orient, en Grèce et dans tout l'Empire romain, périodes durant lesquelles circulaient quantité de « manuels » de magie. Ainsi, cette amulette en plomb datant du Ier siècle ap. J.-C., retrouvée à Carthage :

> « Ôte le sommeil à cette femme jusqu'à ce qu'elle vienne à moi et comble mon âme [...] amène [un blanc], aimante, brûlante d'amour et de désir pour moi [...], force-la à faire l'amour avec moi amène [un blanc] [...] arrache [un blanc] à ses parents, à sa chambre [...] et force-la à m'aimer et à me donner ce que je veux[1]. »

On pourrait penser que ce texte a été écrit sous l'empire de la passion, par un homme dévoré d'amour pour une jeune femme indifférente. Or le fait que l'espace réservé aux noms, tant celui du commanditaire que celui de la cible, soit resté en blanc laisse penser qu'il s'agit d'une formule prête à l'emploi que le magicien se proposait seulement de compléter. Telle qu'elle a été retrouvée, les quatre démons invoqués auraient eu bien du mal à identifier leur cible et à la conduire jusqu'au bénéficiaire de la magie. À lire les centaines d'amulettes qui sont parvenues jusqu'à nous, on constate que le texte de nombre d'entre elles a été recopié, souvent littéralement, dans des manuels. Si bien que Christopher Faraone, qui leur a consacré une

1. Texte en latin (probablement une traduction du grec) d'une amulette en plomb destinée à déclencher l'amour d'une jeune femme. Carthage, Ier siècle ap. J.-C. *in* Christopher A. Faraone, *Philtres d'amour et sortilèges en Grèce ancienne*, *op. cit.*, p. 10. Complétée, elle aurait probablement ressemblé à ceci : « Ôte le sommeil à cette femme jusqu'à ce qu'elle vienne à moi et comble mon âme [...] amène [Sylvie], aimante, brûlante d'amour et de désir pour moi [Jean], force-la à faire l'amour avec moi amène [Sylvie] [...] arrache [Sylvie] à ses parents, à sa chambre [...] et force-la à m'aimer et à me donner ce que je veux. » Il est évident qu'elle a alors un tout autre impact.

remarquable étude, a pu écrire que les amulettes « nous en disent autant ou aussi peu sur l'état psychique des scribes, des praticiens et des clients qui y avaient recours, que les textes littéraires de l'Antiquité nous en disent sur la névrose personnelle de leurs auteurs[1] ».

Voilà donc la première question technique résolue. Les magies d'amour ne sont jamais des « créations », au mieux des adaptations de modèles, la plupart du temps des copies. Le magicien emprunte aux maîtres du passé la forme de l'objet ainsi que la liste de ses constituants et recopie le texte des formules incantatoires qu'il adresse aux démons, aux esprits, aux divinités dont il recherche l'aide. Ne détenant pas la logique organisant de tels objets, il ne peut que reproduire à l'identique les assemblages figurant dans les textes. C'est sans doute la raison pour laquelle la magie d'amour apparaît avec l'écriture, qui a permis d'en conserver le souvenir et d'en transmettre les formules. Les plus créatifs se permettent une marge d'interprétation, mais elle reste limitée. C'est ce qui explique l'incroyable fixité des compositions qui ont traversé les langues, les mondes et les siècles. C'est bien l'une des caractéristiques des objets techniques, que de circuler entre les univers culturels sans être altérés, comme si le principe en était qu'on ne modifiait pas une méthode qui avait fait ses preuves.

La deuxième question est celle de l'identification des deux principaux personnages, que j'ai appelés le « commanditaire » et la « cible ». Car à quoi pourrait servir un tel objet actif s'il ignore au service de qui il doit agir et dans quel but ?

1. Christopher A. Faraone, *op. cit.*, p. 11.

Ce problème est habituellement résolu par l'inscription de leurs noms dans le corps même de l'objet. Or, si cette identification semble suffisante dans l'Antiquité, elle sera de plus en plus complétée, dans les périodes qui suivront, par le nom de la mère et parfois celui du père, puis encore par d'autres éléments d'identification, tels que l'âge, la date de naissance, le signe astrologique, les équivalents kabbalistiques ou l'adresse. Quelquefois, on inclut dans l'objet lui-même des parties du corps des protagonistes (ongles, cheveux, sueur, sperme, sang et menstrues), laissant supposer que le démon-messager, comme un chien, est susceptible de se guider en suivant les traces organiques contenues dans les fragments.

La troisième question – et non la moindre – est celle de la mobilisation des forces par l'invocation des invisibles non humains. Là, il ne s'agit pas seulement de les nommer, il faut de plus que le magicien connaisse leurs habitudes, leurs goûts et leurs exigences. On fait toujours appel à des divinités ou à des démons spécialisés, dont les récits mythiques comportent des séquences de passion imposée. Cet élément est le plus variable selon les contextes culturels. Dans l'Antiquité, nous avons évidemment la série des déesses de l'amour accompagnées de leurs divinités auxiliaires, Inanna, Ishtar, Aphrodite, Cybèle, Vénus et tous les Amours et Cupidons qui l'entourent... série qui s'est prolongée jusqu'à nous. Dans le Haut Moyen Âge occidental, les magies d'amour faisaient souvent appel aux divinités païennes préchrétiennes, tout comme, dans les pays musulmans, on fait encore appel aux *djinns*, pour véhiculer l'action prescrite, tant il est vrai que, sans eux, aucune magie n'est possible. À la fin du Moyen Âge et durant la Renaissance, en Europe du Nord, c'est au diable qu'on était réputé s'adresser, mais c'était cette fois un auxiliaire difficile, qui exigeait d'être payé en retour. C'est à cette époque que les magies d'amour prennent d'autres formes, notamment celle de pactes, véritables contrats marchands. L'amour de Marguerite en échange de l'âme du commanditaire, tels sont les termes du pacte légendaire mis en scène par Goethe dans son *Faust*. Le positivisme n'a pas réussi à faire disparaître les magies d'amour, mais les a cantonnées encore plus dans ces niches secrètes où leur association avec le diable les avait déjà condamnées à la Renaissance. Il est dès lors bien difficile de faire appel aux divinités et aux démons, qui semblent alors avoir disparu de la pensée légitime. C'est donc aux morts que s'adresseront les invocations des magies d'amour. Quoi qu'il en soit, divinités, démons, diable ou morts, nous pouvons retenir qu'il n'est pas de magie d'amour sans invocation.

Ces problèmes étant résolus, l'objet peut dès lors être fabriqué. Une fois terminé, il est clôturé et protégé des intrusions par des ligatures. Il devra être scellé, par le feu, par la dilution dans l'eau, ou par l'inclusion dans un autre objet d'apparence trompeuse. Jusque-là, il s'agit d'un simple objet d'artisanat, dont le destin est de terminer soit dans une poubelle, soit dans un musée[1]. Il faut encore, selon le modèle de la fabrication de l'être humain par Dieu dans la Bible, lui insuffler de la vie – au sens propre : l'animer. En Afrique, en Inde et plus généralement dans les pays d'influence hindouiste, on recourt au sang des animaux sacrifiés. Le sang trouve son prolongement naturel dans le

1. Alain Epelboin a montré qu'une grande part des amulettes fabriquées au Sénégal terminaient leur vie à la décharge publique. Alain Epelboin, *Coran et talismans : textes et pratiques magiques en milieu musulman*, Paris, Karthala, 2007.

vin ou l'alcool, qui, quelquefois le remplace ou s'y ajoute pour le potentialiser. En Afrique, on peut aussi utiliser d'autres fluides, tels que l'huile de palme, rouge sombre, ayant un peu l'aspect du sang. On dit alors qu'on « nourrit l'objet ». On a vu que, dans l'Antiquité grecque et romaine, c'étaient plutôt les fumigations odorantes qui contribuaient à l'animation des objets d'amour.

Reste une catégorie d'objets qu'il est difficile d'inclure dans notre classification. Il s'agit des philtres. Destinés à être absorbés, ils tiennent à la fois de la boisson enivrante, du poison et de la magie d'amour. Le plus bel exemple est celui figurant dans le récit paradigmatique de la passion amoureuse, le merveilleux roman de Tristan et Iseut.

Perversité du philtre

Cette histoire remonte au XIIe siècle. On en connaît d'innombrables versions. Elle semble faire partie de ces romans courtois que l'on racontait au Moyen Âge, dans les riches maisons, le soir, à la veillée[1]. Récit prenant, semé de

---

1. Denis de Rougemont, dans *L'Amour et l'Occident*, pose le problème en remarquant que le roman de Tristan et Iseut marque l'introduction de la passion amoureuse en Occident. Mais s'il saisit bien les liens de la passion avec la mystique – et notamment avec l'hérésie cathare –, il néglige les emprunts à l'origine de ce roman, et notamment les influences arabes et par là moyen-orientales. L'habitude de chanter ce type de récits érotiques à clé était déjà bien installée dans l'Espagne musulmane, et notamment en Andalousie. Voir Denis de Rougemont, *L'Amour et l'Occident*, Paris, 10/18, 2001.

rebondissements, qui ressemble dans sa structure à ce que seront, des siècles plus tard, les séries télévisées, dont on attend impatiemment l'épisode suivant. Il puise sans doute ses racines dans des légendes anciennes, des mythes de fondation, celtiques et germaniques, mais il ne se prive pas d'emprunter leurs subterfuges stylistiques aux mythes célèbres de l'Antiquité. Tout le monde en connaît les prémisses.

Tristan était le neveu du roi Marc. Orphelin, il avait été recueilli par le roi qui l'élevait comme son propre fils et souhaitait lui transmettre son royaume. Or les barons de Marc ne voulaient pas de Tristan. Ils exigeaient de leur suzerain une descendance réelle, biologique, dirions-nous aujourd'hui. Le roi finit par se soumettre à leurs exigences, mais il posa une condition. Il n'épouserait que la jeune fille dont un cheveu lui avait été rapporté par deux hirondelles qui se le disputaient pour bâtir leur nid – un long cheveu, plus fin qu'un fil de soie, qui brillait comme un rayon de soleil. Tristan partit donc à la recherche de la future épouse du roi Marc. Il accosta en Irlande où il trouva un pays dévasté par un terrible dragon qui dévorait chaque jour une jeune fille. Il apprit que le roi d'Irlande avait promis sa fille, Iseut la blonde, à qui tuerait le monstre. Iseut la blonde... c'était elle, la future reine de Cornouailles. Vingt chevaliers s'étaient déjà essayés à la conquérir, qui avaient tous fini dévorés par le dragon. Le combat fut terrible. Par trois fois, Tristan faillit périr entre les griffes du monstre, mais il finit par le tuer en lui plongeant son épée au fond de la gorge atteignant son cœur de l'intérieur. Il lui trancha ensuite la langue, qu'il emporta comme preuve de sa victoire. Cependant, le venin contenu dans la langue avait pénétré son sang et quelques pas plus loin, empoisonné, il perdit connaissance et s'effondra dans les hautes herbes qui bordaient le marécage. Voilà Tristan, pourtant vainqueur, étendu, presque mort, qui allait être dépossédé de sa victoire. Mais la blonde Iseut, qui ne voulait pas du sénéchal Aguynguerran, l'usurpateur qui s'était présenté au palais en prétendant avoir tué le dragon, partit faire son enquête et retrouva Tristan au bord du marécage, qui respirait encore, mais à peine. Elle le confia à sa mère, la reine, experte en magies et en sortilèges. Alors, les femmes soignèrent le jeune chevalier, par des herbes et des onguents dont elles enduisirent son corps. D'autres épreuves attendaient encore Tristan avant qu'il n'obtînt la main de la belle pour son oncle, le roi Marc.

Voilà donc Tristan vainqueur, revigoré par les soins experts, bien décidé à ramener Iseut à Tintagel, comme épouse à son oncle. On peut évidemment se demander ce qui le pousse à risquer ainsi sa vie pour satisfaire son oncle, le roi Marc. Et on ne peut s'empêcher de penser qu'il cherche à se constituer une filiation. S'il n'est pas né prince, héritier du royaume, il le deviendra par son mérite. C'est à ce point qu'arrive l'épisode sur lequel j'aimerais m'appesantir, car il éclaire vivement l'un des mécanismes fondamentaux des magies d'amour, celui du philtre.

Quand vint le moment de se séparer de sa fille, la reine, la magicienne, cueillit des herbes, des fleurs et des racines qu'elle mélangea à du vin, fabriquant un breuvage puissant qu'elle versa dans un coutret[1]. Elle fit venir Brangien, la fidèle servante qui allait suivre Iseut à la cour du roi Marc et lui confia la préparation. Il lui faudrait garder secrète l'existence

1. Un tonnelet – en tout cas c'est le sens que prendra le mot aux XVe et XVIe siècles.

de ce breuvage. « Cache-le de telle sorte que nul œil ne le voie et que nulle lèvre ne s'en approche »... recommanda-t-elle à Brangien, toute tremblante. La nuit de noces, il lui faudrait verser le vin préparé dans une coupe et la présenter aux nouveaux mariés, au roi Marc et à la reine Iseut, afin qu'ils la vidassent ensemble. Attention ! prévint la reine... Il s'agissait d'un philtre d'amour, une boisson très puissante à l'action irréversible. Ceux qui en boiraient ensemble resteraient à jamais unis, de toutes leurs pensées, de tous leurs sens, de toute leur vie et jusque dans la mort... Brangien frémit de peur et promit en balbutiant qu'elle agirait selon les recommandations de sa maîtresse, la reine d'Irlande.

C'est à ce point qu'une explication est indispensable, sans laquelle le récit est boiteux. On a noté la présence de fragments d'objets, attirant l'attention par leur caractère surnaturel : un cheveu de femme à l'aspect irréel, deux hirondelles, une langue de dragon, du poison, un éclat d'épée – celui qui a servi à reconnaître Tristan[1]... On imagine ces fragments agglomérés en un terrible fétiche. C'est ce que l'on se serait attendu à trouver si le récit avait respecté les recettes de l'Antiquité. La magie d'amour aurait été constituée, comme dans le charme égyptien cité en exergue au premier chapitre de cet ouvrage, de deux cœurs d'hirondelles, liés ensemble par le long cheveu d'or, auxquels on aurait ajouté une langue de loup ou d'ours, de carnassier terrifiant, en tout cas, et le fragment en fer d'une épée. On y

1. Car Iseut connaissait déjà Tristan, qu'elle avait soigné des suites d'un précédent combat avec un autre monstre destructeur de jeunes gens, son oncle, le Morholt. Elle le reconnaît précisément à l'entaille sur le fil de son épée qui correspond exactement à l'éclat retrouvé dans le crâne du Morholt.

aurait inscrit le nom d'Iseut et celui du roi Marc. Et on aurait scellé le tout en le cousant dans une peau de serpent. Le magicien est bien là, aussi – ou plutôt une magicienne exceptionnelle en la personne de la reine d'Irlande, la virtuose mère d'Iseut. Elle aurait chargé Brangien de déposer l'objet magique sous le lit des nouveaux mariés. En ce cas, le philtre, le fluide activateur, aurait été absorbé par les époux au-dessus de l'objet, le déclenchant et en potentialisant l'effet. Or la singularité du roman de Tristan est précisément qu'il existe un philtre et pas d'objet, un fluide chargé d'un surplus de forces, qui est loin d'être en manque d'âme. Du coup, il déclenche la frénésie dans les âmes qu'il rencontre sur son chemin. S'il existait une académie des fabricants de magies d'amour, elle conclurait, soit à une erreur de la magicienne, soit à sa perversité. Car un tel fluide, le philtre d'amour, à l'image des breuvages aphrodisiaques, des plantes et jusqu'à nos chimies modernes, tel le Viagra, agit sans discernement. Une magie d'amour à qui l'on aurait omis d'indiquer la cible… C'est évidemment le ressort principal du récit.

Iseut prit donc la mer, avec les quelques serviteurs de sa suite, dans le navire de Tristan et des chevaliers qui l'accompagnaient. Et elle s'éloigna de son pays ; et la nostalgie s'empara de son cœur. Enfermée avec la servante Brangien, elle pleurait avec cette seule pensée à l'esprit : elle ne reverrait jamais les siens, sa mère, ses compagnes de jeu, ceux qu'elle aimait. Qu'allait-elle faire si loin avec tous ces étrangers ? Et si Tristan tentait de s'approcher pour la consoler, des bouffées de haine rougissaient ses joues. Avec ses airs courtois, n'était-ce pas lui qui, par ses ruses, l'avait arrachée à sa terre, à sa famille, à son destin ? Et voici qu'il l'emportait comme un carnassier sa proie, jusque dans son antre… Il lui venait des pensées morbides. « J'aurais mieux fait de me donner la mort, pensait-elle, plutôt que d'accepter de le suivre. » Les jours se succédaient ainsi et sa tristesse allait en augmentant, sa colère tout autant. Un jour de calme plat, alors que les voiles pendaient aux mâts, Tristan fit accoster sur une île. Lassés de la houle, les marins, les chevaliers qui l'accompagnaient, leur suite, tout ce monde descendit à terre. Seule Iseut était restée sur le navire, se morfondant de tristesse avec pour seule compagnie une petite servante, qui tâchait de répondre à ses demandes. Tristan l'approcha à nouveau, cherchant à l'apaiser. Elle détournait le visage, lui répondait par un seul mot : « Non ! » Le soleil était vif. Elle avait soif. L'enfant se précipita à la recherche d'une boisson. Alors que la jeune servante fouillait dans les affaires de Brangien, elle découvrit le coutret. Heureuse, elle revint vers eux en proposant à Iseut ce qu'elle croyait être du vin. C'était le philtre ! La petite servante remplit une coupe et la présenta à sa maîtresse. Iseut but longuement et, d'un geste naturel, tendit ensuite la coupe à Tristan qui la vida d'un trait. Malheureux ! Ils croyaient boire et ils venaient de sceller leur funeste destin. Les voici unis, collés comme siamois, l'esprit brouillé, le cœur tendu comme un arc, les sens en feu, incapables de s'éloigner l'un de l'autre. Irrésistible, implacable, douloureuse, aussi, accompagnée de remords et d'idées de suicide, telle était l'attirance qu'ils éprouvaient l'un pour l'autre en secret. Le secret ne dura pas plus de trois jours. Du reste, les signes de la passion amoureuse ne trompent pas. Ils sont les mêmes chez le bélier et chez l'être humain, tous deux obnubilés jusqu'à refuser de se nourrir et à se laisser dépérir. Les voilà tous deux, se languissant d'amour, les yeux dans le vague, refusant d'absorber la moindre nourriture. Au troisième jour, survint l'aveu. Iseut la première. Alors que Tristan lui demandait ce qui la tourmentait ainsi, elle répondit : « L'amour de vous ! » Premier baiser. Brangien, qui les épiait, poussa un cri : « Arrêtez !... Malheureux, arrêtez-vous ! Faites demi-tour pendant qu'il est encore temps. » Et de leur raconter toute l'histoire, la confection du philtre destiné aux deux époux, Marc et Iseut, la dissimulation du coutret au fond de ses malles, son absence lorsqu'elle descendit à terre avec les marins et le destin qui a placé la petite servante sur leur chemin. Et d'expliquer que l'amour qu'ils ressentaient n'était pas le leur – amour artificiel, fabriqué, commandé par une substance... Elle eut même la vision de ce qui adviendrait, des malheurs qui allaient s'abattre sur eux. « Vous avez bu l'amour et la mort », s'écria-t-elle dans son moment de fulgurance. Rien n'y fit. L'amour, bien sûr ! pensèrent les amants. La mort, tant mieux... Puisqu'il s'agit d'entrer dans un autre monde sans entraves, sans obligations, sans honneur, sans lois. Étrange argument que celui de Brangien, à la réflexion. L'amour n'est-il pas toujours étranger, toujours fabriqué ? Le récit ne dit pas ce que répondirent Tristan et Iseut. Sans doute ne prêtèrent-ils pas attention à ses explications. Les amoureux peuvent-ils entendre raison ? Ils étaient eux-mêmes devenus substance, seulement force, seulement beauté, seulement désir. Ils s'étreignirent alors dans la tente d'Iseut, à même le pont du bateau qui les emmenait vers le roi Marc, leur maître.

La suite n'est que le récit de la passion dévastatrice qui s'est emparée des deux amants – passion qui, malgré tous leurs efforts pour revenir à la raison, les conduira jusqu'à la mort. De ce point de vue, Denis de Rougemont ne s'était pas trompé. Le roman de Tristan marque bien un tournant décisif dans la perception du mariage en Occident. Un couple d'opposés naît alors qui perdure encore, que l'on pourrait formaliser ainsi : le mariage (avec Marc) ou l'amour (avec Tristan) – autrement dit : la passion contre les règles[1]... Et l'on sait toutes les vicissitudes que traversera ce couple d'opposés au travers du temps[2]. Or, là où les analyses tournent court, c'est au moment de rendre compte du philtre. « Métaphore, lit-on alors, objectivation du refus d'assumer ses choix. »

> « Qu'est-ce alors que le philtre, se demande Rougemont. C'est l'alibi de la passion. C'est ce qui permet aux malheureux amants de dire : vous voyez que je n'y suis pour rien, vous voyez que c'est plus fort que moi[3]. »

Pour lui, le philtre n'est rien d'autre qu'un alibi, un « truc » littéraire pour représenter la force incoercible de la passion. Pour moi, on l'aura compris, le philtre est tout, au

1. Gérard Dumestre et Seydou Touré, dans leurs savoureuses *Chroniques amoureuses au Mali*, montrent bien que les relations des hommes et des femmes sont organisées selon les mêmes pôles aujourd'hui, au Mali – tant il est vrai que le tournant dont le roman de Tristan et Iseut est le signe s'est répandu à travers le monde. « La vie amoureuse, ou plus exactement la relation entre hommes et femmes, se vit, s'expose, se construit autour de deux pôles, à la fois opposés et complémentaires, *furu* et *kanu*. Le premier terme se traduit par "mariage", "épouser", le second, plus difficile à rendre, par "concubinage", "relation amoureuse hors mariage", mais aussi "affection", "aimer" [...] » et, plus loin : « Le plaisir, c'est *kanu*. Et *kanu*, c'est exactement tout ce qui, dans les relations entre homme et femme, n'est pas *furu* », Gérard Dumestre et Seydou Touré, *Chroniques amoureuses au Mali*, Paris, Karthala, 1998, p. 10 et 12.

2. Voir les expressions postmodernes de cette opposition fondatrice dans la belle étude d'Eva Illouz, *Pourquoi l'amour fait mal. L'expérience amoureuse dans la modernité*, Paris, Seuil, 2012.

3. Denis de Rougemont, *op. cit.*, p. 50.

contraire. Il est le véritable sujet du roman. Plus encore, il nous donne l'occasion de comprendre certains aspects de la passion amoureuse et le motif de son affolement ici. Car le philtre ne peut pas se trouver seul agent actif d'une magie d'amour. Où donc sont inscrits les noms de la cible et du bénéficiaire ? C'est du fait même de leur absence que le philtre atteint une cible imprévue. L'errance de son action, le fait qu'il peut ainsi frapper presque au hasard, venant contredire le sentiment qu'ont toujours les amoureux de la prédestination de leur rencontre, est le ressort le plus puissant du récit ; c'est aussi ce qui lui confère sa dimension proprement tragique. Et l'on se prend à regretter la maladresse de la magicienne. L'identité de la cible aurait dû être inscrite au cœur de l'objet. Nulle trace d'un tel objet dans un récit pourtant peu avare en magies et en phénomènes surnaturels – seulement un philtre aux effets d'autant plus violents et sauvages, qu'ils ne sont pas médiatisés. Mais on va voir maintenant qu'en révélant la part négative des magies d'amour – on pourrait presque dire leur dimension toxique –, le roman de Tristan renoue en vérité avec les réflexions de l'Antiquité et préfigure les plaintes les plus modernes.

Agogé ou la violence des magies d'amour

Car que sont supposés produire de tels objets ? Si le commanditaire recherche l'attachement passionné de la cible, une manière de folie amoureuse, c'est bien par la contrainte qu'il compte l'obtenir. Ces objets sont aussi des stratégies condensées de violence, des contentions magiques. À la réflexion, cependant, il convient d'en distinguer deux sortes. Les objets qui déclenchent un amour nécessaire, par exemple entre deux époux qui ne se connaissaient pas, dont la famille a arrangé le mariage, par exemple. Je dois dire que ce sont les plus courants. On attend de tels objets qu'ils transforment l'événement en destin, les choix raisonnables en émotions vécues. L'arrangement conclu entre les familles a peut-être été dicté par des obligations traditionnelles ou religieuses, des engagements transgénérationnels ou des motifs économiques. Une fois présentés, les jeunes gens peuvent se révéler indifférents l'un à l'autre ou même éprouver de l'antipathie l'un pour l'autre, voire de la répulsion. C'est là qu'intervient la magie d'amour, dénouant le dilemme, rendant agréable, voire désiré, un lien obligatoire. De telles magies d'amour existent encore de nos jours, plus ou moins élaborées, dans les sociétés où perdurent les traditions anciennes. Elles vont des préparations culinaires ou de l'encensement de la maison à la fabrication de véritables objets magiques. C'est bien la motivation du philtre, dans le roman de Tristan, destiné à faire naître l'amour entre Iseut et le roi Marc qui se rencontreront pour la première fois lors de leurs épousailles. On pourrait dire de ces objets qu'ils sont « bien intentionnés », leur fonction étant mise au service d'un lien socialement prescrit. Ils renforcent d'autres rites, tout aussi actifs, mais visibles, comme la réunion familiale ou villageoise, qui engage les époux au regard de la communauté ou la signature d'un contrat de mariage.

Pour exemple de magies destinées à produire la passion amoureuse chez des époux, en voici une, marocaine, rapportée par Edmond Doutté :

> « Pour rendre deux époux follement épris l'un de l'autre… Prenez une feuille de papier rouge et écrivez dessus : "Liakhim, Untel et Unetelle…" Et ainsi de suite jusqu'au dernier des sept noms de la lune. Ajoutez-y les noms du Très-Haut : *El Ouadoud*, "Celui qui aime" ; *el 'at'ouf*, "Celui qui concilie" ; *Er Ra'ouf*, "le Bienveillant", soixante-dix-sept fois. Ensuite pliez le papier dans lequel vous aurez placé de la terre prise dans les traces de chaque époux. L'opération doit se faire à l'heure de Vénus, sous la constellation du Cancer et de la Balance. L'amulette ainsi confectionnée est suspendue au cou d'une chauve-souris [ou d'une hirondelle[1]] qu'on relâche ensuite[2]. »

De telles magies, destinées à sceller une alliance, à la rendre plus intense, plus intime, recherchent l'attachement là où il n'y avait qu'association ; ajoutent la ligature à l'alliance. Elles sont redondantes avec les pratiques des nœuds, des boucles, des bracelets, des objets scellés. On en trouve quelques traces dans la tradition des anneaux que s'offrent aujourd'hui les mariés dans presque tous les pays du monde, proclamant ainsi que, s'aimant déjà, ils ne craignent pas de s'attacher.

Il existe une seconde catégorie de magies d'amour qui relèvent plus explicitement de la capture. Dans ce cas, il s'agit d'une sorte de kidnapping mystique, extrayant la personne convoitée de son milieu, la soustrayant à ses

1. *Ouat Ouat* désignant au Maghreb, tant la chauve-souris que l'hirondelle.
2. Edmond Doutté, *Magie et religion dans l'Afrique du Nord*. Le texte date de 1908. Il est cité dans la traduction française, Paris, Maisonneuve et Geuthner, 1984.

parents, voire à son époux, son épouse, jusqu'à la conduire au commanditaire de la magie à qui elle se livrera, consentante et soumise.

Les Grecs de l'âge classique, dit-on, ont inventé la raison, le *logos*. Sans doute est-ce vrai dans les domaines politique et philosophique, mais pas en matière d'amour. À examiner les *ostraca*, les tessons de poterie avec lesquelles ils fabriquaient leurs amulettes, on se surprend à penser qu'ils étaient littéralement obsédés par les magies d'amour, les objets actifs, les pommes enchantées[1], les figurines et les prières ésotériques aux divinités sexuelles. L'homme qui souhaitait attirer une femme dans son lit s'adressait à un spécialiste. L'homme de l'art fabriquait alors l'objet pour le bénéficiaire en précisant son mode d'emploi : à faire boire, à faire manger, à placer sous le lit, à enterrer sur le chemin emprunté… En grec *agogé*, du verbe *agein*, « mener », « pousser », « contraindre »… « Objets pour la contrainte », c'est ainsi qu'on pourrait traduire le mot, sous lequel les Grecs de l'Antiquité rangeaient les objets capables d'agir sur le sentiment d'autrui, au point de transformer une indifférente en une amoureuse frénétique. Mais, pour obtenir un tel résultat, ils agissaient par la souffrance et même plus précisément par la torture.

Dans un *ostrakon* d'Oxyrhyncos datant du IIe siècle ap. J.-C., on peut lire par exemple : « Brûle, enflamme la

1. Ces objets étaient tellement entrés dans les mœurs, qu'ils avaient infiltré le langage. Ainsi « tomber amoureux » se disait « recevoir un coup de pomme »… entendez : être la cible d'une « pomme enchantée ». À noter que les « pommes préparées », alliant deux substances opposées, le fruit frais et le sucre chaud, s'appellent encore de nos jours : « pommes d'amour ».

psyché d'Allous, son corps de femme, ses membres, jusqu'à ce qu'elle sorte du foyer d'Apollonius[1]. » Car ces objets étaient réputés produire des douleurs, des brûlures, des maladies, qui ne cessaient que lorsque la cible consentait à se rendre, « fondante de désir », au domicile du commanditaire. Et la souffrance persistait aussi longtemps que la cible résistait. Le mode d'efficace est clair et ressemble en effet aux mécanismes de l'addiction. Il s'agit bien d'induire un mal-être, une pathologie spécifique qui ne disparaît qu'avec le lien amoureux, comme la douleur de l'héroïnomane ne peut être soulagée que par la drogue. On voit donc que ces objets *agogê*, particulièrement violents, tenaient autant du maléfice et des sorts que de la seule magie d'amour.

On a découvert en Égypte une petite effigie féminine d'argile, datant du IIIe ou IVe siècle, à laquelle était attachée une tablette de plomb gravée d'une injonction amoureuse en grec. La statuette est agenouillée, bras et pieds liés, percée de treize aiguilles, au sommet du crâne, dans la bouche, dans les yeux et dans les oreilles, dans le vagin et dans l'anus, dans chaque main et dans chaque pied. À l'observer, l'intention inscrite dans l'effigie est claire. Il s'agit de supprimer toute autonomie à la victime, ses perceptions (les yeux, le nez, les oreilles), ses sensations (son sexe, son anus) sa pensée (son cerveau), sa capacité à fuir (ses membres)... Le message qui l'accompagne est d'ailleurs parfaitement explicite :

> « Éveille-toi pour moi et va-t-en partout, dans chaque quartier, dans chaque maison, et lie Ptolémaïs [...] fille d'Horigenes. Empêche-la de penser, de manger et de boire jusqu'à ce qu'elle

1. Chritopher A. Faraone, *op. cit.*, p. 80.

vienne à moi, Sarapammon [...] et fais qu'elle ne connaisse aucun autre homme que moi seul. Traîne-la par les cheveux, par les entrailles, jusqu'à ce qu'elle cesse de se montrer distante [...] et que je la tienne obéissante pour tout le temps de ma vie, aimante, désirante et me disant ses pensées[1]. »

J'ai pu voir des statuettes contemporaines, à la logique semblable, au Burkina Faso, au Togo et au Bénin où on les nomme *yeblé* en langue fon. Ces statuettes sont également liées et transpercées. Dans ces pays, elles sont souvent enterrées sous le seuil de la maison de la personne-cible ou en un point du chemin qu'elle aura nécessairement à parcourir, en général à un carrefour. Les personnes avec qui j'ai pu échanger au sujet de ces statuettes me les ont décrites comme des sorcelleries, même si elles savaient qu'elles étaient destinées à des captures amoureuses.

Opérateurs de brusques revirements de la personne, de changements de loyauté, de tels objets peuvent entrer en conflit avec les appartenances religieuses. C'est le cas pour les objets africains quotidiennement incriminés par les pasteurs des Églises évangéliques[2], qui leur attribuent la cause d'un grand nombre des souffrances de leurs fidèles. C'était déjà le cas à la fin de l'Empire romain, comme l'atteste le récit de la guérison d'une vierge consacrée à Dieu, rapporté par saint Jérôme dans sa vie de saint Hilarion l'Ermite. Dans un quartier de Gaza, un jeune homme était éperdument amoureux d'une jeune vierge. Mais toutes ses tentatives de

1. *Ibid.*, p. 42.
2. Voir les descriptions détaillées dans la monographie que nous avons consacrée aux thérapies au Bénin : Tobie Nathan, Lucien Hounkpatin, *La Parole de la forêt initiale*, Paris, Odile Jacob, 1996.

séduction tournaient court, la fille ne pensant qu'à la religion. C'est alors qu'il s'adressa aux magiciens, aux prêtres d'Esculape, qui lui confectionnèrent l'objet. À son retour, il enterra sous le seuil de la fille une lame d'airain de Chypre sur laquelle étaient gravées « des conjurations violentes et quelques figures monstrueuses ».

> « Cette vierge, écrit saint Jérôme, perdant aussitôt tous les sentiments de la pudeur, jetant le voile qui lui couvrait la tête, n'avait d'autre pensée que de commettre le crime qui lui faisait horreur auparavant, grinçait les dents et appelait à haute voix celui qui par ses charmes l'avait réduite en cet état, son amour étant si violent qu'il s'était tourné en fureur[1]. »

Voici donc la fille qui retire son voile, défait ses cheveux, se dévêt aussi, sans doute et hurle son désir pour le jeune homme qui l'a capturée à l'aide de sa magie. Si nous trouvons bien la même séquence, la fin de l'histoire est ici plus chrétienne, cela va de soi. Les parents de la jeune fille la conduisirent chez un saint qui réussit à l'exorciser et parvint à la ramener à la raison et à sauver sa chasteté[2]...

La logique est qu'une fois actif dans le monde, un tel objet met la victime à la torture, la brûlant, la frappant, brouillant son esprit, la privant de sommeil et de nourriture, la rendant malade – et cela jusqu'à ce qu'elle consente à abandonner ses attachements, à quitter la maison de son père

1. Saint Jérôme, *Vie de saint Hilarion l'Ermite*, VIII.
2. Ce récit nous suggère que la dévotion chrétienne a peut-être, en ses premières expressions, emprunté les logiques du kidnapping mystique, du moins dans ses formulations, comme par exemple Luc : « Si quelqu'un vient à moi sans haïr son père, sa mère, sa femme, ses enfants, ses frères, et ses sœurs, et même sa propre vie, il ne peut être mon disciple », Luc, 14 :26

ou de son mari (ou même de son dieu), et à rejoindre le commanditaire du charme. Quelquefois, le but n'est pas seulement (ou peut-être pas du tout) amoureux – et la passion recherchée un moyen plutôt qu'une fin. Certaines amulettes grecques, magies de gigolos antiques, sans doute, portent des inscriptions demandant à ce que la femme se donne au commanditaire ainsi que tous ses biens… ou qu'elle fasse don, par amour, de tous ses avoirs. Le but est alors ici de détourner une fortune en créant chez la cible un assujettissement amoureux. Redoutant l'efficacité de tels charmes, la justice grecque intentait des procès contre certains usagers qu'elle accusait de violences, mais surtout de maléfices, préfigurant vingt-cinq siècles avant le mot, ce que notre justice désigne aujourd'hui comme un « abus de faiblesse[1] ».

On retrouve encore la même logique au Maghreb, y compris de nos jours. J'ai retenu pour exemple cette recette, particulièrement démonstrative, recueillie par Edmond Doutté dans la région de Sfax aux alentours de 1900 :

> « La femme qui veut se faire aimer d'un homme se procure les matières suivantes auprès de voisines chez qui elle n'a jamais mangé : de la coriandre, du carvi, du mastic de térébinthe, de la chaux, du cumin, du vert-de-gris, de la myrrhe, du sang d'une bête égorgée et un fragment d'un balai provenant d'un cimetière. Par une nuit sombre, elle se rend dans les champs, avec fourneau allumé et jette successivement ces différentes matières dans le feu en disant : "Ô coriandre, amène-le affolé ; ô carvi, amène-le errant sans issue ; ô mastic,

1. En son article 223-15-2, le Code pénal présente l'abus de faiblesse comme le fait de profiter de la faiblesse ou de la vulnérabilité psychologique d'une personne pour la conduire à un acte qui lui est préjudiciable. La peine maximale est de trois ans d'emprisonnement et de 375 000 euros d'amende.

fais surgir dans son cœur l'angoisse et les pleurs ; ô chaux blanche, fais veiller son cœur dans l'inquiétude ; [...] S'il est tranquille, brûlez-le ; s'il oublie, faites-le se souvenir ; [...] s'il a devant lui un homme, transformez celui-ci en plat de terre ; si une femme est devant lui, transformez-la en ordure ; si une petite fille est devant lui, transformez-la en araignée[1]." »

Ainsi les magies d'amour occupent-elles une place singulière dans les univers où elles existent, objets ambivalents, entre médecine de couple et action sorcière, entre manipulation utile et acte malveillant. Leur ambivalence foncière découle certes de leur finalité, mais aussi des processus qu'elles mettent en œuvre. Elles sont objets, donc inertes, mais actives, parce qu'animées. Elles sont à la fois choses et êtres, du fait de leur association nécessaire aux êtres. Elles tirent toujours leur dynamisme du souffle d'un invisible, divinité, esprit ou démon. Elles sont réputées agir par la contrainte, en annihilant l'autonomie et la pensée propre de la cible. Contrainte magique, certes, ligatures lointaines puisque appliquées au seul objet, mais qui se transmettraient jusqu'à la personne visée par de subtils mécanismes. Le premier résultat de leur action est la souffrance, d'où leur paradoxe inhérent : *faire souffrir pour contraindre à l'amour.* Une souffrance de tous les instants, angoisse, brûlures, douleurs, anorexie, marasme... jusqu'à ce que la personne comprenne qu'elle ne peut y échapper qu'en se soumettant à l'injonction amoureuse. Mais lorsque la passion est installée, l'amoureux vit des moments d'extase et n'y renoncerait pour rien au monde.

1. Edmond Doutté, *op. cit.*, p. 253-254.

Cléo

« Mes chers frères, n'oubliez jamais, quand vous entendrez vanter le progrès des lumières, que la plus belle des ruses du diable est de vous persuader qu'il n'existe pas ! »

Charles Baudelaire, *Le Spleen de Paris.*

Je relate ici le contenu d'un entretien récent qui met en relief, à mon sens, une ruse spécifique aux magies d'amour, qui les rend indécelables, tant à leur victime qu'à son entourage. C'est qu'on peut toujours raconter l'histoire de la passion qu'elles suscitent en ignorant leur existence.

Belle femme de 42 ans, soignée, élégante, aux manières raffinées, un peu hautaine, aussi – je l'appellerai Cléo[1]. Elle ajusta ses lunettes, sortit de son sac un petit carnet où elle avait consigné ses notes : « Si vous voulez bien, je vais tout dérouler depuis le début », me proposa-t-elle. Tout avait commencé cinq ans auparavant. Elle venait de rompre avec son ami de cœur, un médecin de renom avec lequel elle vivait en couple depuis quelque temps. Elle n'était pas déprimée, non… Cela devait bien faire le quatrième ou peut-être le cinquième homme. Chaque fois, c'était la même chose. Elle pensait qu'elle allait enfin pouvoir s'installer, peut-être même avoir un enfant. Et puis voilà ! Les vicissitudes de la vie ou plutôt de ses pulsions inconscientes… Car elle

1. J'ai naturellement modifié son nom, sa profession ainsi que tout détail qui aurait permis de l'identifier.

reconnaissait volontiers sa part de responsabilité dans toutes ces ruptures. Près de dix ans de psychanalyse l'avaient éclairée sur les mécanismes profonds qui la jetaient dans les bras de personnages, certes intéressants, mais un peu trop imbus d'eux-mêmes. Ils finissaient nécessairement par être jaloux de sa réussite et la relation capotait. D'un air entendu, elle ajouta : « Une sorte de culpabilité inconsciente… Ce n'est pas à vous que j'apprendrai cela ! » À la tête d'un grand journal dont elle avait révolutionné la rédaction, elle était devenue avec le temps une femme d'influence dont l'avis comptait. Du coup, elle était sollicitée par les riches et les puissants, rentrait souvent tard le soir, s'absentait parfois inopinément pour un week-end ou pour une semaine… Je savais comment sont les hommes. Ils supportent difficilement de ne pas être le centre d'intérêt. Mais elle n'était pas venue pour me parler de son monde intérieur ; cela, elle l'avait assez fait avec son psychanalyste. Et elle se plongea quelques instants dans ses notes. Voilà donc l'état dans lequel elle se trouvait après cette rupture… déçue, c'est certain… un peu triste aussi, mais pas déprimée. C'est alors qu'elle avait décidé de s'offrir un grand voyage, quelques semaines dans un endroit de rêve où elle pourrait à la fois profiter de la beauté du monde et prendre le temps d'apprendre les subtilités d'une culture. Le Pérou l'avait toujours fascinée, à l'opposé de notre monde, avec des racines profondes, mal connues. Elle s'était renseignée, avait lu des livres sur les civilisations précolombiennes, avait passé des coups de téléphone à des agences de voyages. Et finalement, une discussion avec un camarade de promotion l'avait décidée. Il rentrait d'un long périple en Amérique du Sud et l'avait longuement entretenue du travail qu'il y avait à faire pour aider les populations des hauts plateaux. Voilà ! Elle partirait seule durant tout un mois, sans passer par une agence, et s'installerait dans les Andes, dans un village quechua, pour vivre la vie des gens de là-bas. Elle trouverait les moyens de les aider. Peut-être rapporterait-elle aussi les éléments d'un grand reportage…

Il faut dire que l'arrivée dans le village avait comblé toutes ses attentes. Les gens étaient charmants, attentionnés, toujours à devancer ses désirs. Peut-être un peu trop ? Jusqu'à cette vieille femme, aux vêtements colorés et au drôle de chapeau melon, qui était venue lui proposer un amoureux. À croire qu'ils avaient l'habitude de voir débarquer des femmes en mal d'amour. Elle avait bien remarqué des Américaines qui se promenaient au bras de jeunes gens locaux et avait été surprise par leur nombre. Elle, elle n'était pas venue pour ça ! Je devais la croire. Installée plutôt confortablement dans le seul hôtel de l'endroit, elle avait décidé de partager son temps à égalité. La moitié pour elle, pour visiter les lieux, les paysages somptueux qu'elle pouvait contempler par-dessus les nuages, pour découvrir les vestiges des civilisations disparues… et l'autre moitié pour eux, les villageois, les « paysans », comme on disait là-bas, pour les soutenir dans ce projet de collège, pour les aider à obtenir des crédits.

Dès le lendemain, elle se mit à la recherche d'une personne pouvant la conduire en voiture à travers la montagne. Lorsque son guide s'est présenté, elle fut tout de suite frappée par sa beauté irréelle. Grand, musclé, une peau brillante comme le métal et des yeux noirs à la fois profonds et doux. L'homme parlait parfaitement l'anglais et même quelques mots de français. Il se mit sur-le-champ à son service. Et ce fut comme une révélation. Il connaissait admirablement la région et ses conseils devançaient les demandes qu'elle aurait pu lui adresser. Il était prévenant, aussi, totalement dévoué, comme s'il avait été son prolongement, un organe de son propre corps. Par-dessus le marché, sa conversation était à la fois délicate et perspicace. Sa présence se révéla indispensable, au point qu'elle le cherchait du regard avant de parler, bientôt même avant de penser. Au bout de quelques jours, son nom se mit à résonner dans sa tête à tout bout de champ, comme si quelque chose au profond d'elle-même l'appelait. Elle commença à rater les rendez-vous avec les responsables du collège, préférant partir pour la journée avec Kuntur. C'était son nom… En fait, il signifie « condor », cet aigle magnifique que l'on aperçoit au loin, surplombant les montagnes. C'était lui ! Si bien qu'un soir qu'ils étaient trop loin du village pour espérer rentrer, elle accepta de passer la nuit dans une auberge, dans la même chambre que lui… Et c'est ainsi que la fusion des sens a désintégré sa personnalité. Ce qu'elle vécut les jours qui suivirent, elle ne l'avait jamais vécu et pourtant, selon sa propre expression, elle n'était pas un « perdreau de l'année »… Une sorte de passion folle, effrénée, haletante, à la fois voluptueuse et mentale. Elle se dit alors qu'elle n'avait jamais éprouvé de telles émotions, de telles sensations, avec une telle intensité ; qu'elle n'avait jamais été vraiment amoureuse.

Et puis arriva le temps de se séparer. Elle allait rentrer à Paris et le laisser là. Elle se sentait une dette immense à son endroit. D'ailleurs, elle devait le payer pour son travail de guide. Il commença par refuser son argent. Elle insista. Il baissa la tête et se tut. Elle le questionna. Qu'y avait-il ?

Qu'est-ce qui le rendait mélancolique ? Elle pensait qu'il allait répondre qu'il ne supportait pas l'idée de leur séparation… Il lui dit que la voiture qui les avait transportés durant tout ce séjour était près de rendre l'âme ; qu'elle était son seul gagne-pain. Si elle acceptait d'en financer une neuve, il pourrait alors s'installer officiellement comme taxi, avoir un vrai métier. Elle rédigea le chèque sans broncher.

Une fois arrivée en France, elle se rendit compte qu'elle n'avait pas laissé que de l'argent au Pérou ; son âme y était restée prisonnière. Elle pensait sans cesse à Kuntur. Son nom, son image étaient devenus l'écran sur lequel se déroulait sa vie, son arrière-fond. Elle s'échappait aussitôt qu'elle pouvait et partait le rejoindre pour une semaine, parfois seulement pour un week-end, comme une folle, avec la même attente, le même élan que la première fois. Elle rêvait de s'élancer dans ses bras à l'aller ; elle pleurait de l'avoir laissé au loin au retour. Bien sûr, ses amis parisiens l'avaient prévenue. Cet homme l'utilisait ; il attendait quelque chose, c'était certain. Mais elle ne pouvait rien entendre. Il me fallait la croire. En trois ans qu'avait duré leur relation, elle avait financé une automobile, un terrain agricole, la réfection d'une ferme, l'opération chirurgicale de la sœur de Kuntur… Une fortune ! À cette époque, si quelqu'un le lui faisait remarquer, elle répondait que ce n'était pas bien grave, rien qu'une remise à l'équilibre, une façon de redistribuer les richesses entre le Nord et le Sud. Et, un jour, il lui adressa explicitement sa demande. Si elle souhaitait que leur relation se poursuive, il lui fallait l'épouser. Elle devait comprendre. Il avait 26 ans. Tout le monde se demandait au village pour quelle raison il restait célibataire. À ce moment précis, Cléo s'était cabrée. Elle ajouta en me regardant fixement : « Vous devez penser : "enfin"... » Le mariage... Elle m'expliqua alors qu'il avait touché un point sensible. Elle avait toujours refusé ce lien de soumission à un homme. Ce n'était pas aujourd'hui, alors qu'elle avait démontré sa capacité à s'assumer totalement, aujourd'hui qu'elle se trouvait à l'autre bout du monde qu'elle y consentirait... Elle refusa tout net. Non ! Ça jamais ! Il quitta la pièce sans rien dire. Le lendemain, elle le chercha dans tout le village. Il avait disparu. Les jours suivants, il ne reparut pas. Elle pleurait. Jusqu'au dernier instant de son séjour, elle avait tenté de le joindre au téléphone. Son numéro n'existait plus. Et elle pleurait encore ; elle pleurait toujours. Elle revint quelques mois plus tard. Et Kuntur n'était pas là. Il s'était évanoui. Et lorsqu'elle évoquait son nom à un habitant du village, il se détournait d'elle sans répondre. À l'exception d'un de ses amis, pourtant, qui lui expliqua que Kuntur avait été très déçu par sa réaction ; qu'il était prêt à reprendre la relation à condition qu'elle accepte de l'épouser... Un doute avait alors commencé à s'insinuer. Tout le monde était donc au courant. Était-ce un plan concerté ? Comment s'y étaient-ils pris pour l'assujettir, en ce cas ? Toutes ces questions se bousculaient dans sa tête, mêlées d'angoisse et d'une profonde tristesse. Jusqu'à ce que Koyakusi, la vieille au chapeau melon qui lui avait proposé de lui présenter un amoureux le premier jour de son arrivée au village, vienne un jour vers elle. « Tu veux savoir ce qui t'est arrivé ? », lui avait-elle demandé. Elle avait éclaté en sanglots, trouvant seulement la force d'opiner de la tête. « Emmène-moi à Lima, poursuivit la vieille, je connais quelqu'un qui pourra t'aider. » Et elle avait ajouté cette phrase étrange : « Tu as signé un pacte avec le Diable, Madame. Et tu l'as fait sans même t'en rendre compte. » Et moi, j'écoutais ce récit bouche bée, me demandant ce que Cléo attendait de moi. Je lui demandai : « Vous n'avez pas eu peur ? – Peur ?... Non ! Je souffrais trop pour avoir peur. Si Koyakusi m'avait proposé de me jeter du haut de la falaise en m'assurant que cela ferait disparaître ma douleur, je l'aurais fait sans hésiter. »

Elle me raconta ensuite sa visite chez le shaman quechua. « C'était dans le quartier le plus mal famé de Lima, tout près du marché Gamarra, où on peut se procurer les ingrédients de la sorcellerie, les poupées vaudous et même les aiguilles à planter dans leur cœur et dans leur sexe, les cercueils où on peut inscrire le nom de son ennemi avant d'aller le déposer dans la terre d'un cimetière, et aussi toutes sortes d'animaux séchés tels que des rats, des chauves-souris ou d'énormes crapauds dans des bocaux de formol. » Elle leva les yeux, guettant ma réaction. Je n'ai pas bronché. Je connaissais ce genre de marchés. J'avais parcouru dans tous les sens celui de Lomé au Togo et à plusieurs reprises celui de Madureira à Rio de Janeiro. Elle s'appesantit un moment sur la description de l'antre du shaman. Un escalier sordide conduisait à l'unique pièce de son appartement. Des fœtus de lama suspendus au plafond lui ont irrésistiblement évoqué le monstre du film *Alien*. Une vision d'épouvante ! Des crânes d'animaux étaient répandus sur le sol et même, elle l'avait parfaitement reconnu, un crâne humain. Dans une pénombre à peine éclairée par des lumières rouges, elle avait pu distinguer des bougies, des figurines de divinités exotiques et de saints chrétiens. L'homme avait demandé en quechua ce qui l'amenait. La vieille Koyakusi avait longuement répondu par des phrases que Cléo n'avait pas comprises. Le shaman avait alors pris un jeu de cartes. Il lui avait demandé d'en tirer une. Elle ne se souvenait plus… peut-être un deux de pique. Il avait hoché la tête… Il avait tiré une carte à son tour qu'il avait brandie sous le nez des deux femmes. Celle-là, elle s'en souvenait parfaitement : un valet de cœur… Il expliqua alors longuement quelque chose à la vieille, en langue quechua. Koyakusi avait baragouiné une traduction, moitié en anglais, moitié en espagnol, quelque chose comme : « Vous voulez seulement en être débarrassée ou bien voulez-vous la mort de votre ennemi ? » Cléo avait sursauté. Comment pouvait-on en toute conscience commanditer la mort de quelqu'un ? Non ! avait-elle répondu. Elle voulait seulement ne plus souffrir. Et l'homme se leva pour préparer la mixture. Elle n'avait pu distinguer tous les ingrédients qu'il avait fourrés dans son mixer, mais il y avait plusieurs sortes de feuilles, des morceaux de reptiles, des poudres qu'il allait puiser dans de petits sachets de papier. Il ajouta une bonne dose d'alcool blanc et mit son mixer en marche dans un bruit d'hélicoptère. Puis, il lui donna à boire l'affreux mélange. L'alcool, c'est certain, avait permis de faire passer le reste. Voilà ! C'était tout.

– Et depuis ? hasardai-je.

– Depuis, répondit Cléo, je ne pense plus à Kuntur.

– Mais…

– Mais je ne peux plus approcher un homme… Je crois que j'aurais dû accepter la proposition du sorcier. Parce que plus j'y pense, plus je me dis qu'en refusant de tuer Kuntur, je n'ai pas libéré la place qu'il occupait. Il n'y a plus d'espace en moi pour quelqu'un d'autre, vous comprenez ?

J'étais partagé, comme tu l'es aussi, cher lecteur, entre deux pensées. Soit Cléo avait été amoureuse de Kuntur et, une fois l'illusion amoureuse dissipée, interprétait après coup son incompréhensible passion en l'attribuant à l'effet d'une magie mystérieuse. Soit Cléo avait été victime d'un acte de sorcellerie amoureuse, d'un équivalent andin des objets *agogé* grecs. En ce cas, il fallait inclure dans les caractéristiques de ces objets une subtilité supplémentaire, celle de sembler si irréels que leur évocation fait passer leurs victimes pour des naïfs ou des personnes « mentalement dérangées ».

Les âmes sœurs

Double et jumeau

Une phrase prononcée par Cléo à la toute fin de son entretien est restée dans ma mémoire comme une question. Que peut signifier « il n'y a plus d'espace en moi pour quelqu'un d'autre » ? Sans doute traduit-elle sa lassitude devant une succession d'échecs, dont le plus grave avait été son brutal retour à la raison après trois ans de frénésie amoureuse et de permanents jet-lags. La « descente » avait dû être amère… Phrase désabusée, en quelque sorte, mais qui exprimait aussi une décision, celle d'éviter une telle douleur à l'avenir. J'y ai également décelé une vérité d'ordre général, une pensée qui transcendait les évidences : cette conviction d'un espace intérieur en creux, la place d'un double, d'un complémentaire, d'un jumeau mental… Je me suis souvenu de ce que j'avais entendu dire au Mali, dans la région de Bamako, chez Diara, le guérisseur. « Chacun naît avec son double, m'avait-il confié, son *djinna*, son esprit, autrement dit. En général, il est de l'autre sexe. Un garçon naît jumeau avec une fille *djinna* et une fille jumelle avec un garçon *djinna*. » Il m'avait même expliqué que le jumeau était conçu en même temps que la personne et qu'il l'accompagnait dès les premiers instants, dans le ventre de sa mère. Pendant l'accouchement, il allait se réfugier dans le placenta ; et, au moment où on enterrait le placenta sous un arbre, le *djinna* partait dans les branches, puisque l'arbre est son milieu naturel, mais il ne manquait jamais de visiter l'enfant, son frère, sa sœur... D'après Diara, lorsqu'ils sont petits, les enfants continuent à parler avec ce double. On peut les surprendre, du reste, lorsqu'on les laisse seuls, babillant en une langue incompréhensible avec quelqu'un que personne ne voit. Eh bien, c'est avec lui, avec elle, avec leur *djinna*, qu'ils parlent – et dans leur langue ! Lors du mariage, il faut évidemment que ce compagnon de l'enfance se retire et laisse la place au nouvel hôte, l'époux, l'épouse. J'avais noté ce récit dans un coin de ma tête et puis, je l'avais oublié. Jusqu'à ce qu'un jour, une patiente malienne, gravement perturbée, me déclare en pleine séance de thérapie : « Ne crois pas que je ne te connais pas, Tobie Nathan... Ta *djinna*, vois-tu, elle vient me visiter la nuit et elle me parle de toi. » J'avais donc, moi aussi, une *djinna*, un double féminin, qui m'accompagnait depuis ma conception – une *djinna* que certaines personnes, particulièrement sensibles, comme l'était indubitablement ma patiente, pouvaient percevoir et même rencontrer. C'est possible... me suis-je dit alors ; mais je ne m'en étais jamais rendu compte.

Si chacun a un double, qu'en est-il des jumeaux, qui en ont l'expérience quotidienne ? Eux peuvent conserver tout au long de leur vie cette relation avec leur double à laquelle les personnes ordinaires ont dû renoncer en accédant à la parole. Ils sont donc en position d'ancêtres, de fondateurs. C'est ainsi que je m'explique la passion de l'Afrique pour la gémellité. Là, les jumeaux sont exceptionnels du fait de ce lien naturel, spontané, qu'ils entretiennent avec l'autre monde, avec les divinités, les esprits et les morts. C'est ce qui leur donne une fluidité d'existence, un accès immédiat aux dimensions cachées. On dit là-bas qu'ils peuvent deviner ; on dit aussi qu'ils « portent chance ». Lorsqu'on croise un couple d'enfants jumeaux, on s'arrête, on les salue, et on offre quelque argent à la maman… pour la chance, précisément ! Cette conviction est largement partagée, jusqu'au sommet des États, les candidats aux élections convoquant les couples de jumeaux pour recevoir leur bénédiction.

En 1980, après la mort de sa première femme, Mobutu, alors président du Zaïre (RDC), épousa Bobi Ladawa, l'une de ses maîtresses, sans doute parce qu'elle avait une sœur jumelle, Kosia, qui lui ressemblait à s'y méprendre. Kosia est aussitôt venue rejoindre sa sœur, la nouvelle première dame, dans le palais du président et dans son lit. En vérité, Mobutu avait épousé deux femmes jumelles et se montrait en public avec une à chaque bras. Même lui qui se faisait appeler « le grand Léopard », « l'homme qui vole de victoire en victoire », ne dédaignait pas les pouvoirs des jumelles.

Forts d'un don singulier, les jumeaux sont aussi particulièrement fragiles, notamment lors du décès de l'un des deux. J'ai pu voir au Bénin, au Togo, les petites statuettes que l'on fabrique pour le survivant lorsque son jumeau est décédé. Autrefois, à Cotonou, à Porto-Novo, on pouvait apercevoir des mères de jumeaux en procession, portant dans leurs bras, quelquefois même au dos, comme des bébés, de petites statuettes de bois qu'en langue yoruba on nomme *ibeji*. Fétiches d'enfants « nés doubles » – car tel est le sens du mot *ibeji* –, ces statuettes sont censées héberger l'être du jumeau disparu. Lorsqu'il est trop jeune, c'est sa mère qui donne les soins à cette statuette, qui la lave, la nourrit, lui parle, lui adresse des prières, comme à une divinité. Mais lorsqu'il est parvenu à l'âge adulte, c'est au survivant d'entretenir la vitalité de son jumeau décédé. Peu à peu, il prend l'habitude de s'adresser à l'être de son jumeau avant de percevoir le monde ; car le jumeau l'informe des événements à venir. Je me souviens d'une jeune femme ivoirienne, hôtesse dans une grande compagnie de navigation aérienne, que j'avais reçue après une sérieuse tentative de suicide. Jumelle survivante, son jumeau était décédé dans les premières semaines qui avaient suivi leur naissance. On lui avait confectionné sa statuette dont elle s'était soigneusement occupée jusqu'à l'âge de 20 ans. Puis, toujours en voyage, traversant chaque jour les continents, elle avait confié la charge de cette statuette à sa mère. Elle recevait régulièrement des informations sur son propre devenir et sur celui des siens sous forme d'intuitions. Chaque fois que l'intuition se révélait conforme aux événements, elle se sentait rassurée. Son jumeau ne l'avait pas abandonnée ; il continuait à la prévenir des mouvements du monde. Mais un jour, elle apprit par un coup de téléphone que son père venait de mourir. Et elle n'en avait rien su ; aucune intuition, aucun signe ne lui avait été adressé. C'est alors qu'elle avait avalé un tube entier de Nivaquine. Quelques semaines plus tard, alors que son état physique s'améliorait, elle me confia durant une séance qu'elle avait voulu mourir parce qu'elle avait compris que son jumeau était parti. S'il avait été toujours de ce monde, il l'aurait prévenue de la mort de son père avant qu'elle ne survienne. Elle avait donc décidé de partir le rejoindre.

Petits récits impressionnistes pour donner corps à cette idée lancée par Cléo, selon laquelle, chacun garde en soi un espace, la place de son double, de son jumeau, et que c'est cette place qui est mobilisée au moment où se déclenche la passion amoureuse. Cet espace en creux doit être soit imperceptible, soit occupé. Le percevoir vide est précisément la souffrance de l'amoureux, lorsqu'il imagine, par exemple, le brusque désintérêt ou la disparition de l'être aimé. *La vacuité est la matérialisation de l'angoisse, sa plénitude, la certitude de l'être.*

David et Batshéva[1]

Le roi David était en guerre contre les Ammonites et assiégeait leur ville. Un soir, alors qu'il avait abandonné le front et se reposait chez lui, à Jérusalem, il sortit sur la terrasse au crépuscule. Il aperçut une femme qui se baignait. Elle était si belle qu'il la voulut sur-le-champ. À sa question, on lui répondit : « C'est Batshéva, la fille d'Eliam, l'épouse d'Urie, le Hittite[2]. » Elle était donc mariée. David

1. En français, on a l'habitude de la nommer Bethsabée. Je garderai tout au long le nom hébreu, Batshéva, qu'on retrouve aussi dans les textes en anglais, à cause de sa signification : « fille des sept ».
2. Samuel II, 11 : 3.

fit mander la belle malgré tout. Elle accourut auprès de lui et ils s'aimèrent toute la nuit ; et toutes les nuits suivantes. Par la suite, David fut si épris de Batshéva qu'il décida d'user de son pouvoir pour se débarrasser du mari. Il usa d'un subterfuge parfaitement décrit dans le texte biblique. Urie était un des meilleurs officiers dans l'armée de David. Le roi exigea de son chef d'armée qu'il place Urie là où le combat était le plus violent et, une fois en pleine bataille, qu'on l'abandonnât seul afin qu'il fût tué par l'ennemi[1]. Le général exécuta à la lettre les ordres de son roi. Urie périt sous les remparts, là où la bataille faisait rage. Batshéva pleura son mari, comme il se doit, et accomplit les devoirs d'une veuve. Et lorsque le deuil prit fin, David l'amena dans sa demeure et la prit pour épouse.

Depuis lors, les juifs ne cessent de commenter le comportement inouï de leur roi le plus sacré. Alors, comment cela ? L'homme désigné par Dieu pour diriger son peuple, cet homme gratifié de tous les dons, celui de la guerre et celui de la sainteté, ce poète inspiré à qui l'on attribue la rédaction des psaumes, cet homme serait allé sans hésiter un instant, se débarrasser de son rival pour lui ravir sa femme ? En agissant ainsi, il avait non seulement commis les deux crimes les plus odieux, les plus sévèrement condamnés par la loi, l'adultère et le meurtre, mais il avait de plus usé de son pouvoir discrétionnaire pour ce faire. Et c'était cet homme au comportement pervers que l'on présentait au peuple comme modèle, plus encore, comme guide ? Les juifs ont toujours pensé qu'il devait se cacher là un mystère.

1. « Mettez Urie en première ligne au plus fort de la bataille, puis reculez derrière lui, qu'il soit frappé et qu'il meure », Samuel II, 11 : 1-26.

Le texte biblique s'appesantit néanmoins sur la faute de David. Et les commentaires d'affluer en ce sens. En vérité, il s'agirait d'un récit édifiant. Aussitôt l'affaire connue, Nathan, le prophète, vint signifier au roi la colère de Dieu : « Pourquoi donc as-tu méprisé la parole du Seigneur et fait ce qui lui déplaît[1] ? » Et il annonça à David qu'il subirait un terrible châtiment pour sa faute. Lui qui avait pris la femme d'un autre, le même malheur allait s'abattre sur sa propre maison. Ses femmes deviendraient celles d'un autre homme, et cela arrivera de son vivant. David comprit qu'il avait commis un crime et se repentit devant Dieu, demandant grâce. En ces temps lointains, la justice, semble-t-il, était immanente et la communication avec Dieu, immédiate. Le prophète était comme une cabine téléphonique en lien direct, un « téléphone rouge ». Car Nathan lui annonça aussitôt qu'il était gracié, c'est-à-dire qu'il ne mourrait pas pour cette faute. Son fils, en revanche, l'enfant qui venait de lui naître de Batshéva, périrait à son septième jour, avant d'atteindre le jour de sa nomination. Cette dernière séquence peut apaiser quelque peu la révolte du lecteur. Il est donc une justice et une voie pour le repentir, y compris pour le roi. C'est même, on le sait, le contenu du psaume 51, qu'on attribue à David lui-même :

> « Lorsque Nathan, le prophète, vint à lui, après que David fut allé vers Batshéva…
> Ô Dieu ! Aie pitié de moi dans ta bonté ; selon ta grande miséricorde, efface mes transgressions ;
> Lave-moi complètement de mon iniquité, et purifie-moi de mon péché.

1. Samuel II, 12 : 9.

> Car je reconnais mes transgressions, et mon péché est constamment devant moi », Psaume 51 : 2-4[1].

Si le récit de son repentir laisse place à des idées pieuses sur l'obligation de reconnaître sa propre faute, dressant très tôt le modèle d'une morale absolue, qui ne tolère aucune exception, même s'il s'agit des puissants, il n'explique l'acte en rien. Le mystère reste donc entier. Quelle force, plus puissante que la crainte de Dieu dont David était entièrement habité, s'était-elle emparée de lui ?

Le Talmud a évidemment traité de cette question à de nombreuses reprises. Je retiendrai l'ingénieux récit que l'on peut lire dans le traité *Sanhédrin* – récit qui confère un sens à l'étrange histoire de David et Batshéva, à condition qu'on accepte d'entrer dans les détails. On y apprend que la brutale passion de David n'est pas survenue ainsi, brusquement et par hasard. Rav Yéhouda, le fondateur de la fameuse académie talmudique de Poumbedita, en Mésopotamie, explique que David, conscient de la mission exceptionnelle que Dieu lui avait confiée, celle de réunir le peuple en une seule nation et de lui faire accepter un même monarque, s'était ainsi adressé à lui. « Maître du monde, lui demanda-t-il un jour, pourquoi dans la prière répète-t-on "le dieu d'Abraham, le dieu d'Isaac, le dieu de Jacob" et jamais "le dieu de David" ? » Et Dieu lui aurait répondu : « C'est que les patriarches, je les ai mis à l'épreuve et toi, non. » Alors, David aurait ainsi défié son Dieu : « Mets-moi à l'épreuve, en ce cas, Seigneur. Scrute mon cœur et mes reins. » Il aurait dû se méfier des roueries des invisibles, car Dieu

1. Psaume célèbre, intégré aux prières quotidiennes, tant des juifs que des chrétiens.

ajouta : « Eux, les patriarches, je ne leur ai pas révélé le contenu de leur épreuve, mais toi, David, je vais te le dire. Cette épreuve concernera les relations interdites. » Il n'avait pas sitôt entendu cette phrase que David se leva de sa couche, sortit sur la terrasse et aperçut Batshéva qui se baignait. Selon ce récit, il n'avait pas imaginé que l'épreuve surviendrait sur-le-champ. Rav Yéhouda se permet même de railler David par une remarque sur la singularité de la pulsion sexuelle. Il nous apprend alors que David avait des relations sexuelles tous les jours afin de ne pas être surpris inopinément par un désir. Précaution inutile ; naïveté du roi qui avait oublié qu'il existe un « petit membre chez l'homme ; si on veut le rassasier, il devient affamé et si on veut l'affamer, il se rassasie[1] ». Autrement dit, la pulsion sexuelle est incontrôlable ; plus on a de relations sexuelles, plus on veut en avoir encore et si l'on s'empêche d'en avoir, disparaît le désir.

C'est à ce moment que survient un autre commentaire, celui-là de Rabba, qui ajoute une nouvelle complexité au dialogue entre David et Dieu. David aurait en vérité compris que l'apparition de la belle Batshéva était son épreuve. Prévenu par les paroles qu'il venait d'entendre, il aurait parfaitement pu surmonter son désir. S'il s'y était résigné malgré tout, c'était pour ne pas donner tort à Dieu, pour que l'on ne puisse dire ensuite : « Le serviteur a eu raison de son maître[2]... » David aurait mesuré l'épreuve, considéré qu'il pouvait en triompher et y aurait renoncé par égard pour Dieu. Sophismes talmudiques ? Peut-être...

1. *Talmud Bavli,* traité Sanhedrin, 107 A.
2. *Ibid.*

D'autant qu'ils ont été nombreux à chercher des excuses au roi David. Cependant, un dernier commentaire, émanant curieusement du même Rabba, vient rendre toute justification inutile. Oui, David était préparé à sa chute, répète-t-il ici, mais il ne pouvait l'éviter. Il lui était impossible de résister, soumis à une puissance, un magnétisme, infiniment plus fort que sa volonté. Car, nous apprend Rabba, « Batshéva était destinée à David depuis la création du monde », et il ajoute : « Mais c'est avec la souffrance qu'elle est arrivée jusqu'à lui[1]. » On voit alors poindre un tout autre récit qui, s'il n'a plus grand-chose à voir avec la morale, la reconnaissance de la faute et le repentir, a le mérite d'être intellectuellement plus satisfaisant. Si David ne peut résister à l'attrait de Batshéva ; si sa seule vue déclenche chez lui une incoercible passion qui lui fait oublier jusqu'aux préceptes fondamentaux de sa foi, c'est qu'il a été mis en présence de celle « qui lui était destinée depuis la création du monde », autrement dit son âme sœur. On comprend mieux dès lors que l'épreuve à laquelle Dieu le soumettait était bien de type initiatique. S'il s'agissait seulement de résister à un désir sexuel, il n'y avait évidemment aucun mérite à cela, à moins d'imaginer David en satyre ithyphallique. Non ! Il lui présentait son double et sa moitié, l'autre face de lui-même qui se révélait être son complément. L'attraction que ressentit alors David était comme une loi de la nature, irrésistible. Il vint immédiatement se coller à Batshéva, comme le recto à son verso – peut-on détacher les deux faces d'une même feuille ? À la lecture

1. *Ibid.*

du texte biblique, on se doutait déjà que si un récit aussi défavorable au héros y avait figuré et survécu au temps, aux censures des puissants et aux erreurs des scribes, c'est qu'il contenait une vérité fondamentale. On peut maintenant s'en saisir et la formuler ainsi : si l'on est mis en présence de son âme sœur (continuons à la désigner ainsi pour l'heure), rien ne pourra alors s'opposer à l'élan qui nous portera vers elle, ni la loi, ni la morale, ni le regard des autres, ni même la parole de Dieu. Voici donc la magie d'amour absolue, celle à laquelle nul ne peut résister, pas même le roi David à qui l'on attribue à la fois la force physique et l'intelligence stratégique. Qu'est-ce qui rend David amoureux fou de Batshéva ? L'attraction incoercible existant entre une âme et son complémentaire !

Nous n'avons fait que repousser le problème d'un cran. Nous voilà avec une nouvelle question. D'où vient que nous aurions chacun une âme sœur ? N'est-ce pas là un matériau de contes et de légendes ? Certes, nous avons été impressionnés par les rites attachés aux jumeaux dans les traditions africaines, mais de là à penser qu'ils véhiculaient une vérité humaine universelle… Alors quoi ? L'être humain ne serait pas un individu, donc « indivis », une totalité ? Lecteur, je vais te demander un peu de patience et t'inviter à cheminer avec moi en quelques sentiers tortueux, avec la perspective de comprendre une pensée très ancienne qui organise encore aujourd'hui nos comportements amoureux.

On trouve une discussion très argumentée de la question de l'« âme sœur » chez un cabaliste castillan qui fut aussi un commentateur de Maïmonide : Joseph Gikatila (1248-1325). Au début de son petit texte traduit et remis à l'honneur par le regretté Charles Mopsik, *Le Secret du mariage de David et Batshéva*, il écrit :

> « Tu m'as demandé, toi mon ami intime, que je te fasse connaître la signification de ce qu'ont dit nos sages de mémoire bénie : "Batshéva était destinée à David depuis les six jours de la Genèse, mais il la consomma avant terme[1]…" »

Gikatila reprend donc ici la discussion à l'endroit où les talmudistes de Babylone l'avaient laissée. Et faisant mine de répondre à son ami, il développe une véritable théorie de l'être, une ontologie. D'après lui, David ne pouvait échapper à la force qui s'était emparée de lui car il avait reconnu en Batshéva, sa jumelle, son épouse parfaite. Sitôt aperçue, son image était venue s'imbriquer exactement dans la forme laissée en creux par la partie manquante de lui-même. Ce que ressentit David ? À la fois une douleur, une tension et un élan, puisqu'il avait perçu dans le même temps son incomplétude intrinsèque et la promesse de la combler. Pour Gikatila, une telle aventure peut arriver à tout le monde, même au roi David, l'homme de Dieu – nous pourrions ajouter : *surtout* David… au nom prédestiné, signifiant l'« aimé », le « chéri »… David, qui avait été nommé pour l'amour.

Plus avant, notre kabbaliste explique que Dieu, qui les fabrique, produit chaque âme avec son double avant de les expédier dans le monde.

---

1. Joseph Gikatila, *Le Secret du mariage de David et Bethsabée*, Paris, Éditions de l'Éclat, 2003, p. 47. « Il la consomma avant terme » signifiant en première lecture qu'il la prit pour épouse avant qu'elle ne fût veuve. Mais un kabbaliste se satisfait rarement d'une première lecture.

« Et quand un mâle est créé, nécessairement, sa partenaire féminine est créée en même temps que lui, parce que l'on ne fabrique jamais d'en haut une demi-forme, mais seulement une forme entière[1]. »

Alors, lorsqu'une personne vient à croiser l'âme complémentaire, celle dont l'existence vient compléter la forme initiale, rien ne peut retenir son mouvement vers elle. Cette personne est emportée ; ne peut s'empêcher de tendre à la *complétude* – en hébreu *shléma*, « complète », ou plutôt « complétée ». Mais le mot *shléma*, est une déclinaison de la racine trilitère *SH L M*, qui a aussi donné *shalom*, la « paix ». Une « âme complète » signifie bien une « âme en paix », ou plus exactement qui trouve la paix parce qu'enfin complétée. Petite discussion étymologique, qui nous conduit à penser que le désordre, l'inquiétude, l'angoisse à vivre proviendraient de l'incomplétude, de ce manque fondamental, celui de ne pas avoir rencontré l'« âme sœur ». Renversement total de perspective : à suivre les propositions de Gikatila, il nous faudrait alors considérer David comme un privilégié, un « chéri de Dieu », lui à qui il a été donné de rencontrer son complément, en la personne de Batshéva, et de s'unir à elle. David n'est plus l'homme qui a commis une faute d'une gravité exceptionnelle, mais au contraire celui qui, ayant réussi à rassembler le peuple, comme il s'en est vanté auprès de Dieu, a obtenu en récompense, la possibilité d'atteindre sa propre complétude, d'assumer son unité – autrement dit de devenir un

1. *Ibid.*, p. 52. Notons en passant que, chez Gikatila, comme aussi dans le *Zohar*, la définition de « mâle » et de « femelle » ne se réduit pas à l'homme et à la femme. Elle signifie ici plutôt quelque chose comme « émetteur » et « récepteur ».

ancêtre à son tour, comme Abraham, Isaac ou Jacob. À ce point, on se prend à penser que sa passion pour Batshéva ne devrait pas être perçue comme une faute, mais comme une sorte d'élection.

On est malgré tout en droit de se demander à quelle connaissance renvoie Gikatila quand il affirme que « Batshéva était destinée à David depuis les six jours de la Genèse », c'est-à-dire depuis la création du monde. Précisément à ce que l'on peut considérer comme une paresse de Dieu, ou peut-être son manque d'imagination qui l'a conduit à concevoir l'homme *à son image, c'est-à-dire double*, à la fois mâle et femelle, *androgyne*. Et cette fabrication initiale par Dieu, on le comprend ici, n'était pas logiquement nécessaire. Dieu aurait pu fabriquer les humains différents de lui, les imaginer à son opposé ou même sans aucun lien avec lui. Mais non ! Il a répété dans la création cette même structure qui le constitue lui-même, cette bipartition originaire qui assure son propre mouvement. C'est ainsi qu'on peut lire dans la Genèse, au sixième jour de la création, précisément, cette phrase surprenante, que ne manque d'ailleurs pas de relever Gikatila :

> « Et Dieu créa l'homme à son image… à son image il le créa mâle et femelle il les créa[1]. »

En hébreu, la phrase ne contient aucune ambiguïté. Mâle et femelle, c'est ainsi qu'a été créé l'humain et, de ce fait, à l'image de Dieu. D'où il nous faut bien conclure que Dieu lui-même est androgyne, comme sa créature, à la fois

1. Il s'agit d'une traduction littérale de l'hébreu : *Vayivra Elohim et haadam betzalmo ; betselem Elohim bara oto zakhar ounékéva bara otam* (Genèse, 1 : 27).

mâle et femelle[1] ou du moins qu'il est animé d'une dynamique opposant des complémentaires. S'il est *un* – le mot *e'had*, en hébreu, signifie « unité » et non pas « unique » –, c'est que lui, Dieu, parvient à intégrer les deux parties complémentaires[2]. C'est sans doute en cela qu'il est Dieu. Le premier homme, Adam, est donc créé double, androgyne, à l'image de son créateur, mais pas encore *unité*. C'est l'explication de la dernière partie de la phrase de Genèse, 1 : 27 : « Il *les* créa », un pluriel pour finir, en deux parties distinctes, donc, devant conquérir leur unité, à la poursuite de leur complétude. En d'autres mots, Dieu crée bien l'homme androgyne, mais en devenir. C'est bien ainsi qu'il procède pour créer Adam, « l'homme (l'être humain) », qu'il sépare ensuite en deux parties *ich* et *ichah*, « l'homme et la femme », destinées à se réunir pour ne « former qu'une seule chair »[3], retrouvant ainsi l'unité originaire de la création. Mais ce procédé n'est pas réalisé une fois pour toutes ; il se répète à chaque naissance, du moins pour ce qu'il en

1. Comment se fait-il que hormis les textes ésotériques tels que le *Zohar* ou ceux des kabbalistes, on lise généralement ce passage comme le récit d'une double création, de l'homme et de la femme, tous deux « créatures ». Pour le lire ainsi, il faudrait y inclure une ponctuation qui n'existe pas en hébreu. C'est manifestement une distorsion à cause de la gêne que suscite le texte, car le sens est bien : Dieu créa l'homme à son image, à la fois mâle et femelle… les mots suivants, « il les créa », renvoyant au fait qu'il sépare les deux parties de l'androgyne aussitôt qu'il l'a créé.

2. La pensée kabbalistique est bien plus complexe que la présentation schématique que j'en donne ici, notamment en ce qui concerne les différentes parties de Dieu qui constituent son unité, mais ce schéma est suffisant pour mon propos. Pour investiguer cette question plus avant, voir Charles Mopsik, *Le Sexe des âmes. Aléas de la différence sexuelle dans la Cabale*, Paris, Éditions de l'Éclat, 2003.

3. « C'est pourquoi l'homme abandonne son père et sa mère ; il s'unit à sa femme, et ils deviennent une seul chair », Genèse, 2 : 25.

est des âmes. Et c'est bien ainsi que le présente Gikatila dans la suite de son texte :

> « Au moment de sa création, l'homme fut créé androgyne par l'âme. À savoir : deux figures, une forme mâle et une femelle[1]. »

Il y a plus encore dans la pensée des kabbalistes. Cet androgyne reconstitué par la rencontre de deux âmes sœurs, cette unité devenue « une seule chair », est le seul être avec lequel Dieu consent un commerce. Avec l'ésotérisme juif apparaît donc un nouveau type de lien entre l'humain et la divinité, tout aussi érotique que celui de l'Antiquité, mais qui ne saurait s'exprimer à la première personne – un lien qui n'admet pas la définition du sujet à partir de son désir, mais à partir de sa complétude. « Je » parce que « nous », tel est le statut ontologique de l'être reconnu par Dieu. Impossible de l'invoquer en lui demandant : « Fais en sorte que Rebecca vienne à moi, "consentante et soumise". » Si les Sumériens de l'Antiquité demandaient à Inanna de déclencher la passion dans le cœur de l'être convoité ; si les Grecs demandaient la même chose à Aphrodite et les Romains à Vénus, avec une telle théorie, les juifs ne peuvent plus nourrir le même espoir. Seraient-ils donc contraints à ne s'adresser qu'à des dieux étrangers, ou à des démons ? Et l'on a pu noter au passage, qu'ils ne s'en sont pas privés, à considérer le nombre de statuettes de type Ishtar dont la terre de Palestine est truffée.

Pour comprendre comment une telle ontologie permet tout de même les magies d'amour, il nous faut retourner

---

1. Joseph Gikatila, *op. cit.*, p. 53.

encore une fois au texte de Gikatila. Poursuivant son raisonnement qui débutait par la fabrication des âmes en couples, à chaque fois imbriquées en une forme unique avant d'être expédiées dans le monde par demi-unités, il en fait découler les différentes formes de mariages. Il en compte trois : 1) Le mariage parfait, où les protagonistes doivent être appelés « justes » parce que leur existence a contribué à renforcer l'unité de Dieu. Ceux-là, « sont appelés "chair une" »… car il n'y a entre eux « ni obstacle ni empêchement pour qu'ils s'approchent l'un de l'autre »[1]. Cette union exceptionnelle est très rare et ne concerne, si on y réfléchit, que des personnages hors du commun, tels que les patriarches, par exemple – peut-être seulement Abraham et Sarah, les premiers ? 2) Le deuxième type de mariage est celui d'un homme qui, parce qu'il a commis des transgressions (tous en ont nécessairement commis contre l'unité de Dieu), a été séparé de la femme qui lui était destinée. Ils se marient donc chacun de son côté mais ne sont pas heureux en ménage. Ils doivent attendre d'être séparés de leur premier conjoint pour revenir à celui qui leur était destiné[2]. C'est évidemment les alliances les plus fréquentes. C'est aussi le cas de David qui, écrit Gikatila, à cause de ses « durs penchants », n'a pu épouser Batshéva qu'en secondes noces. De fait, on sait que la première épouse de David, Mikhal, lui avait été donnée par Saul, qui l'avait précédé sur le trône, en témoignage d'alliance politique. Mikhal s'est sans doute sentie honorée d'être son épouse et a pu démontrer sa fidélité dans

1. *Ibid.*, p. 62.
2. Il faudrait ajouter « en cette vie ou bien en une de leurs futures réincarnations ». Mais ne compliquons pas ici l'exposé de la théorie.

les moments de crise, puisqu'elle fuira avec son époux lorsque ce dernier sera menacé par son père. Quoi qu'il en soit, c'était un mariage d'intérêt, un arrangement politique et non un mariage d'amour. Alors que la rencontre avec Batshéva se révèle comme un bouleversement radical, une passion soudaine, qui conduit David aux comportements les plus extrêmes. 3) Le troisième type de mariage est celui de personnes à l'âme corrompue, qui ne pourront jamais mériter de rencontrer leur partenaire, ni au début, ni plus tard, ni à la fin et ne trouveront aucun chemin pour l'approcher. Sans doute existe-t-il un grand nombre de tels mariages, mais ils ne font pas parler d'eux, puisqu'il n'existe même pas l'espoir de l'unité.

Nous détenons maintenant la théorie complète de l'âme sœur, telle qu'elle a pris naissance dans le milieu très particulier des kabbalistes de la fin du Moyen Âge, au XIIIe et au XIVe siècle, avant de se transmettre au monde musulman et chrétien et de diffuser ensuite très largement, jusqu'à nos modernes blockbusters, américains, indiens ou égyptiens. On pourrait la résumer ainsi : les hommes, les femmes ne sont que des demi-êtres. Leur inquiétude à vivre, cette inquiétude à la fois philosophique et morale que Kierkegaard appelait l'« angoisse », provient de leur incomplétude primordiale. En ignorant sa cause, ils se condamnent à une existence perpétuellement tourmentée. La seule possibilité qui leur est offerte de se constituer en être total est la rencontre avec leur âme sœur, leur moitié. Cette théorie a tellement diffusé, tellement pénétré les façons de penser et les institutions des mondes modernes, que son énoncé peut sembler banal. Elle repose cependant sur une prémisse inouïe. Dieu n'aurait de relation qu'avec les couples – plus encore : les couples appariés[1]. On comprend qu'il s'est opéré un glissement modifiant radicalement les relations de couple. Une dérive, donc, qui, partant des pensées antiques qui admettaient que les dieux avaient des relations personnelles avec les humains, répondant à leurs invocations, se réjouissant de leurs offrandes et engageant même des relations sexuelles avec eux, aboutit à cette théorie sans doute plus morale, mais aussi plus contraignante. Le dieu monothéiste, du moins dans les élaborations avant-gardistes des kabbalistes, ne peut établir aucun lien avec un être humain qui, pour lui, on l'aura compris, n'est pas un interlocuteur du fait même de son incomplétude. Son seul partenaire est un couple. Il le crée en fabriquant les âmes deux par deux, dans le monde céleste et le visite dès lors que ce couple a réussi à se reconstituer dans le monde terrestre[2] par la conjonction des demi-âmes. Si la prémisse de cette théorie est stupéfiante, ses conséquences sont capitales et se ressentent jusqu'à l'expression des amours modernes.

---

1. Notion abondamment reprise dans le *Zohar*, comme dans le passage suivant : « Considérez que toutes les figures des âmes à naître sont d'abord présentes par couple devant le Saint, béni soit-il, et quand ensuite elles parviennent à ce monde, il les marie », *Zohar I*, 91b ; et qu'on retrouve de manière lapidaire dans le texte de Gikatila qui affirme comprendre pour quelle raison on dit que Batshéva était destinée à David depuis la création : « … avant cela, je t'enseignerai le sens de ce qu'ils ont déclaré : "Le Saint, béni soit-il, marie les couples." », Joseph Gikatila, *op. cit.*, p. 47.

2. Cette théorie n'était pas seulement élucubration gratuite de chercheurs enfouis dans leur grimoire. Elle a donné lieu à l'organisation des mariages dans tout le monde juif. On peut en consulter une preuve flagrante dans un petit texte, resté anonyme, *La Lettre sur la Sainteté*, véritable traité d'éthique sexuelle, qui était régulièrement offert aux nouveaux mariés. Dans ce texte, il est clairement dit que si les époux s'unissent sexuellement la nuit du shabbat, Dieu viendra les visiter et il participera aux ébats, les rendant de ce fait même féconds. Voir *Lettre sur la Sainteté*, Paris, Verdier, 1993, p. 31.

On l'admettra aisément, à considérer la vie réelle des êtres humains, leur très grande majorité est composée de demi-êtres, qui n'ont pas trouvé l'âme sœur, soit qu'ils sont encore isolés, soit qu'ils ont été « mal appariés ». Peut-être pourrions-nous ajouter qu'en notre temps postmoderne, la détresse de ces demi-êtres a explosé sur la toile dans la fréquentation exacerbée des sites de rencontre, tant chez les célibataires que dans les couples établis ou mariés. Des chiffres déjà anciens indiquent qu'au moins 24 % des Français se sont inscrits sur un tel site de rencontre sur Internet (40 % des Italiens, des Espagnols ou des Allemands)[1]. Ces chiffres doivent être considérés comme un symptôme. On les entend porter haut les plaintes de ces demi-êtres que nous sommes presque tous et qui n'ont jamais renoncé à la complétude. Leur tension, devenue extrême, multipliée et exacerbée par sa diffusion généralisée, rend la rencontre explosive. Lorsqu'il arrive à une personne de buter sur la partie manquante de la forme complète, de croiser son âme sœur, autrement dit, toutes les structures, celles de sa vie sociale et celles qui organisent sa personnalité, volent alors en éclats. C'est assurément le ressort le plus puissant de sa

1. Étude IFOP pour le magazine *Femme actuelle*, publiée le 13 février 2012 et dont on peut facilement retrouver les conclusions sur Internet : http://www.ifop.fr/media/poll/1760-1-study_file.pdf. Ce constat a donné lieu à des analyses très critiques à l'endroit des sites, comme l'essai de Stéphane Rose, *Misere-sexuelle.com. Le livre noir des sites de rencontre.* Paris, La Musardine, 2013. Selon lui, on croit y rencontrer un autre et on ne contemple qu'un miroir. Eva Illouz, *Pourquoi l'amour fait mal, op. cit.*, interprète ce phénomène comme un changement de paradigme du modèle d'amour hérité de l'amour bourgeois, instituant les règles du libéralisme généralisé jusque dans le choix du conjoint. Divergence d'interprétation, j'y vois pour ma part l'exaspération de la souffrance de ces demi-âmes créées par la théorie kabbalistique au XIIIe siècle.

transformation, voire de sa métamorphose. Face à l'évidence d'une telle rencontre, aucune différence ne pourra tenir... différence de classe, de caste, de religion, d'appartenance ethnique... La passion amoureuse est toujours la raison dernière des métissages. Toutes les distinctions seront pulvérisées. Aucun attachement ne prévaudra... familial, hiérarchique, institutionnel, professionnel. La passion amoureuse est l'opérateur du changement... *Car les humains non appariés sont instables par nature.*

Pour illustrer cette instabilité, je relaterai ici la première consultation d'un homme qui présentait en arrivant dans mon cabinet, un état d'angoisse extrême.

Pascal

Je l'appellerai Pascal[1]. L'homme était de taille moyenne, les épaules larges, la démarche sportive. Son visage n'attirait pas l'attention jusqu'à ce que l'on croise son regard, car alors on était capturé par ses yeux clairs, mobiles comme la pensée. Il était âgé d'une quarantaine d'années. Marié avec une condisciple à 20 ans, alors qu'il était encore étudiant, il avait divorcé peu de temps après la naissance de leur fille, voilà une dizaine d'années. Depuis, il consacrait l'essentiel de son temps à sa carrière. « Vous savez ce que c'est, me dit-il l'air entendu, la vie de cabinet... On rentre tous les

1. Comme pour les autres personnes réelles croisées dans ce livre, j'ai modifié son nom, sa profession ainsi que tout détail qui aurait permis de l'identifier.

soirs après minuit, lorsqu'on rentre !... Parfois, on s'endort là, en chien de fusil sur le sofa de la salle d'attente, pour être sur pied à l'arrivée de la presse du matin... Alors, s'occuper d'une famille par-dessus le marché, faut pas rêver... » Il ne rêvait pas, justement ! Il dormait à peine. Il ne vivait pas en couple, n'avait pas de régulière, seulement des rencontres passagères, relations d'une nuit ou d'une semaine... Son ex-épouse s'était remariée et ils avaient su préserver des relations qu'il qualifiait de « correctes ». Sa fille avait grandi ; elle était devenue une adolescente un peu renfermée en qui il se reconnaissait. Il l'aimait sincèrement mais la voyait peu. Et les années avaient passé ainsi, au gré des soubresauts de la vie politique. Longtemps, les femmes n'avaient même pas été une question. Il n'y pensait pas, voilà tout !

Jusqu'à sa rencontre avec Blandine. Et là, sa tête avait explosé... ou bien était-ce son cœur ? Peut-être s'agissait-il seulement d'une violente attirance sexuelle ? Un assujettissement des sens, une addiction... Et il me posait la question, sollicitait mon avis... Mais il n'attendait pas ma réponse. Non ! se reprenait-il, il était amoureux, voilà tout ! Amoureux pour de bon... Diplômé des grandes écoles, haut fonctionnaire appelé aux plus hautes responsabilités, il ne comprenait pas ce qui lui arrivait. Ordinairement, les événements du monde venaient épouser ses désirs et, cette fois, il se heurtait à un mur. Il y revenait pourtant, recommençait. Et ça ne marchait pas davantage. Il cherchait sans cesse, ressassant les mêmes images, les mêmes idées, passant de l'excitation à l'abattement. Il avait perdu sommeil et appétit. Il avait l'impression que, depuis cette rencontre, il n'avait pas arrêté de courir, comme un dératé.

Il se sentait à bout, intérieurement épuisé. À ce compte, il ne pourrait pas tenir très longtemps.

L'homme était brillant, à coup sûr. Et il le savait ! Il était si intelligent qu'il ne lui semblait pas possible de se confier à quiconque. Les humains ordinaires étaient trop englués dans leurs propres récits, dans leurs automatismes pour comprendre le premier mot de sa plainte. On pourrait penser – je pourrais penser – que sa souffrance était celle de n'importe qui. Une souffrance d'amour ou quelque chose comme ça… Il est vrai qu'il aimait une femme qui ne lui rendait pas son amour. Mais il ne fallait pas se hâter de conclure. Plus encore que la souffrance amoureuse, il se sentait humilié d'éprouver un mal aussi commun. Encouragé par une collègue qui connaissait sa dernière aventure, il s'était finalement décidé. Il était arrivé à ma consultation sur la pointe des pieds, comme en s'excusant, prêt à repartir en courant. Il me prévint d'emblée, poliment, sans élever la voix, en me regardant à peine. Si je commençais, comme d'autres avant moi qu'il avait croisés ici ou là, à ramener tout cela à son enfance, à sa relation avec sa mère ou il ne savait à quelle névrose, il quitterait mon bureau aussitôt. Il n'avait pas de temps à perdre dans les méandres infinis de notre philosophie de bazar. En l'écoutant, je pensais : « Ralentir… il lui faut ralentir, freiner. Mais où donc se trouvent les commandes ? » Je lui demandais des précisions en des termes que je choisissais les plus neutres possibles pour ne pas le braquer. Mais il poursuivait douloureux, amer, presque accusateur. Alors, des idées absurdes me vinrent à l'esprit. Cette femme existait-elle seulement ? Et si elle existait, lui avait-il déjà avoué ses sentiments ? Je lui posai la question. Cette femme, justement… qui était-elle ?

Blandine ? Il me la décrivit une fois de plus, avec la même passion – il était intarissable –, parfaite, prétendait-il, belle de visage et un corps d'harmonie, vive, aussi, rayonnante d'intelligence, et surtout en phase avec lui. « Voulez-vous la rencontrer ? me demanda-t-il… Ce serait bien. Je n'ai pas besoin d'être présent. Vous lui expliqueriez… » Je répondis à son invitation par un sourire. Il poursuivit. Elle devinait ses pensées comme il devinait les siennes, comme si à eux deux ils ne formaient qu'une seule et même personne. Elle pensait et il parlait ; elle soufflait et il inspirait… Et physiquement aussi… leurs corps s'imbriquaient exactement, comme s'ils avaient été prévus pour ça. Est-ce que je comprenais ? Je souris prenant l'image au pied de la lettre. Il se rembrunit et argumenta encore. Il évoqua des hasards, des coïncidences… Le nom de famille de la mère de Blandine… presque le même que le sien, à une lettre près. Un signe du destin, sans doute… Dans un autre temps, quelques siècles auparavant, ils avaient peut-être été jumeaux, ou amants, ou les deux… Des jumeaux amoureux ? C'est ce qu'il pensait, oui !… Des jumeaux, un garçon et une fille, qui auraient déjà commencé à s'aimer dans le ventre de leur mère et qui n'avaient jamais réussi à se séparer ensuite, jusqu'à la mort. Et il ajouta avec un air de conspirateur : « Une mort qui avait dû être violente… » J'eus à ce moment la sensation physique de son angoisse. Mon cœur se mit à battre plus vite. Je fus pris d'une certaine inquiétude, me demandant jusqu'où il pourrait aller…

Tout cela lui était tombé dessus durant la dernière campagne électorale. Il admettait qu'il avait été fragilisé par l'absence de sommeil, par la tension nerveuse, par les conflits qui avaient éclaté au sein du cabinet, aussi. Blandine faisait partie d'une équipe de sondeurs sollicités par le ministre. Elle était venue exposer le résultat de leurs investigations. La discussion s'était terminée à plus de 23 heures. Il l'avait invitée à dîner... La soirée s'était prolongée jusqu'à 2 heures du matin. Et puis elle était rentrée chez elle, retrouver son mari et ses trois enfants. Ah oui !... Elle était donc mariée... Tel était donc son problème, me suis-je hasardé, celui d'avoir identifié son âme sœur sans moyen d'y accéder, puisqu'elle résidait ailleurs, dans la maison d'un autre. Il interrompit son flot de paroles, interloqué. Pour la première fois, il leva les yeux sur moi. « Mais vous ne savez pas tout... » Une semaine plus tard, la campagne électorale l'avait conduit dans une ville de province où son ministre prononçait un discours important. Elle était là, représentant son équipe de sociologues. Ils avaient fini la soirée à l'hôtel, dans la même chambre. Est-ce que je pensais cela possible ? Quoi donc ? Ils avaient fait l'amour huit fois dans la même nuit. Huit fois ! Au matin, elle était épuisée et lui, il la désirait encore. C'est à ce moment qu'il a compris. Elle était sa promise, à la fois son double et sa moitié. Et... Non ! répondit-il sans attendre que je lui pose la question. Cela ne s'est jamais reproduit. « Nous nous sommes connus, au sens biblique du mot (il prononça réellement cette phrase), une seule fois, au Novotel de Toulouse et plus jamais depuis... En toute logique, poursuivit-il, après une telle nuit, elle aurait dû venir me rejoindre, s'installer avec moi pour la vie. Mais non !... Depuis cette fameuse nuit, elle me fuit ; elle m'évite. Elle refuse tout rendez-vous, même pour prendre un café. » Voilà ce qu'il avait à me dire...

– A-t-elle expliqué son revirement ? Pourquoi refuse-t-elle de vous revoir ?

– Je ne sais pas. On dirait que je lui fais peur… Peut-être acceptera-t-elle de venir ici, pour vous rencontrer. Elle répète que je suis malade, que je devrais me soigner.

– Et vous ? Et j'insistai encore : vous…

– Moi ?

– Oui, vous ! Pensez-vous que vous avez besoin de soins ?

– De soins ? Peut-être… Mais je ne sais pas pourquoi. Je ne suis pas malade. Je n'ai jamais été malade. Ou bien la vie devrait être considérée comme une maladie. Mais j'ai une demande, oui !

– Une demande ?

– Oui ! Une demande que je vous adresse. Voilà ! Je vous supplie de la faire revenir.

– … La faire revenir ? Allons bon !…

Et il répéta, anxieux :

– Savez-vous la faire revenir ?

Sur le coup, j'ai pensé qu'il plaisantait. Des images m'ont traversé l'esprit, celles de ces papillons que de petits immigrés distribuent à la sortie des stations de métro : « Pour tout travail d'affection, retour de l'être aimé, retour de l'amour, santé sexuelle, permis de conduire… faites appel au grand marabout, le grand professeur Camara, ou Diallo ou peut-être Bangali… » Allais-je prendre le parti de la dérision, comme tant d'autres lorsqu'ils écoutent de tels récits ? J'ai choisi, comme toujours, comme je m'en suis fixé la règle voilà des décennies, d'écouter sa demande là même où elle s'exprimait, dans ses mots, dans ses concepts.

Deux voies se présentaient à moi. Soit je décidais que Pascal avait réellement rencontré cette fameuse âme sœur. Mais sa Blandine, tout comme la Batshéva du récit biblique, était attachée ailleurs, mariée, mère de deux enfants jeunes. Était-elle suffisamment amoureuse pour tout plaquer ? Sinon, je devais conclure qu'il me demandait de réaliser le « kidnapping mystique » que j'évoquais plus haut, peut-être en fabriquant un de ces objets étranges que les Grecs appelaient autrefois *agogés*. Au moins me laissait-il le choix des armes, puisque, en me posant sa question : « Savez-vous la faire revenir ? », il voulait seulement s'assurer de ma compétence. Soit je décidais qu'il s'était fourvoyé, peut-être lui-même victime d'un tel objet de magie amoureuse. Je devais alors le convaincre que sa passion soudaine pour Blandine n'était qu'illusion et le remettre à nouveau en piste ; le relancer dans l'interminable marathon postmoderne de la poursuite de l'âme sœur. Ne cherchant en aucune manière à détourner la clientèle de ces fameux marabouts africains, je ne raconterai pas le déroulement de cette prise en charge qui dura tout de même près de deux ans. Pour satisfaire ta curiosité légitime, cher lecteur, je te dirai seulement que Pascal et Blandine sont aujourd'hui mariés et qu'avec l'enfant qu'ils ont eu ensemble et les trois des précédentes unions, ils forment ce qu'on appelle une « famille recomposée ». Depuis, je n'ai plus de leurs nouvelles. Je ne saurais dire si l'un ou l'autre s'est inscrit à un site de rencontre depuis.

Nous avons appris que la théorie de l'âme sœur, en bouleversant le lien entre la divinité et l'humain a institué le couple moderne. Les divinités de Mésopotamie et de Grèce avaient des relations sexuelles avec leurs adeptes – surtout avec les femmes, mais pas exclusivement. On peut facilement imaginer les excès et les dérives auxquels ces cultes ont pu donner lieu dans l'Antiquité. La Bible s'en est largement fait l'écho, condamnant inlassablement les cultes aux Baals et aux Achérâs, décrits comme des lieux de débauche, de pornographie et de sacrifices humains. On ne sait à quelles époques et jusqu'à quel point de telles aberrations ont pu avoir lieu, mais elles sont restées dans les mémoires, et des « remakes » surgissent dans les moments de crise, comme dans les descriptions quasi surréalistes des sabbats de sorcières, nées en grande partie des fantasmes hargneux des inquisiteurs[1]. Plus près de nous, cet érotisme passionnel hérité de l'Antiquité est resté le substrat, toujours actif, des relations entre les humains et les *djinns* dans les mondes musulmans. On a pu penser que le monothéisme avait opéré une rupture radicale, par les condamnations morales qu'il a aussitôt portées contre les rites antiques[2], mais aussi par une proposition d'une autre nature. Le Dieu monothéiste, comme l'ont par la suite établi les kabbalistes, on l'a vu, entretient toujours une relation érotique avec les humains, mais cette fois seulement avec les couples[3]. D'où la nécessité impérieuse d'accéder au couple parfait. Et c'est

1. Voir par exemple Jacques Institoris et Henry Sprenger (1492), *Malleus Maleficarum, (Le Marteau des sorcières)*, rééd. Paris, Plon, 1973 et Grenoble, Éditions Jérôme Million, 1988 et 2009.

2. La plupart des Pères de l'Église y sont allés de leur couplet. Parmi les plus inspirés, Clément d'Alexandrie (150-220), *Protreptique*, ou Arnobe (204-304), *Contre les païens*...

3. Il faudrait bien sûr entrer dans les détails, discuter de l'évolution de ces monothéismes. Le christianisme, surtout dans sa version catholique, est revenu à la relation individuelle et passionnelle avec Dieu – et cela depuis saint Augustin. Mais s'il a conservé la passion, il en a retiré la jouissance sexuelle. On la retrouve encore dans les témoignages des grandes mystiques, telle que sainte Thérèse d'Avila. Mais si le Dieu chrétien est un « Dieu d'amour », il s'agit en règle générale d'un amour détaché du corps. Voir par exemple Guy Bechtel, *Les Quatre Femmes de Dieu : la putain, la sorcière, la sainte et Bécassine*, Paris, Pocket, « Agora », 2003.

là que nous nous retrouvons, propulsés sur la scène de la vie réelle avec des questions lancinantes : « Qui est-il ? Qui est-elle ? »... ce complément indispensable à la rencontre avec Dieu ?... Et une fois l'âme sœur enfin identifiée, « comment faire pour qu'elle (il) vienne à moi ? » Car, le plus souvent, l'autre n'est pas dans les mêmes dispositions que moi.

Jonathan

> « Tout ce qu'on sait des charmes, des philtres, que les sorcières employaient est très fantasque, et, ce semble, souvent malicieux, mêle hardiment des choses par lesquelles on croirait le moins que l'amour pût être éveillé. Elles allèrent aussi très loin sans qu'il aperçût, l'aveugle, qu'elles faisaient de lui leur jouet. »
>
> Jules MICHELET, *La Sorcière.*

Pour illustrer cependant la seconde voie, l'option de la séparation, je relaterai ici le récit d'une subtile prise en charge, réalisée par un rabbin kabbaliste, officiant de nos jours en banlieue parisienne. Voici l'histoire.

Jonathan était plutôt satisfait de son ménage. Il avait épousé Sandrine[1] voilà quinze ans de cela et ils s'étaient installés dans un petit pavillon de la banlieue ouest de Paris.

1. Il va de soi que, comme pour les autres récits rapportés dans ce livre, j'ai modifié les noms, les professions, les lieux, ainsi que tout détail qui auraient pu permettre d'identifier les personnes.

Il avait monté sa propre entreprise d'informatique et, s'il ne comptait pas ses heures, les affaires tournaient bien. Sandrine, quant à elle, n'avait pas souhaité mettre fin à sa carrière et poursuivait son plein-temps d'infirmière dans l'hôpital d'une commune voisine. La petite Léa, leur fille, était âgée de 10 ans et se révélait aussi autonome que ses parents. Elle rentrait seule de l'école, préparait son dîner et terminait ses devoirs en attendant le retour de sa mère. Il n'était pas rare qu'elles dorment toutes deux lorsque Jonathan finissait par rentrer. Une famille comme il en existe certainement beaucoup, ni malheureuse ni heureuse, impliquée dans la vie sociale, composée d'individus bien distincts – en un mot : moderne. Ce soir-là, elles s'étaient donc couchées dans le même lit, comme cela leur arrivait parfois le mardi soir, pour regarder ensemble un programme de télévision devant lequel elles s'étaient endormies. À 5 heures du matin, Sandrine s'est réveillée en sursaut. Elle jeta un coup d'œil sur les chiffres bleu vif de son réveil et tâtonna de la main auprès d'elle. C'était Léa. Elle surgit d'un bond, soudain saisie d'angoisse. Jonathan n'était pas rentré. Elle appela son téléphone portable et tomba sur la messagerie. Elle composa le numéro de la boutique et c'était le message qu'elle connaissait bien : « Les bureaux sont ouverts le matin, de 9 heures à 13 heures, du lundi au samedi… » Son angoisse monta d'un cran. « Il est arrivé quelque chose », pensa-t-elle aussitôt. Et comme elle était infirmière, elle imagina l'accident de voiture, le SAMU, les pompiers. Elle appela les urgences de tous les hôpitaux de la région… sans succès. Elle se morfondait dans la cuisine devant sa tasse vide en écoutant d'une oreille distraite le murmure de la radio dont elle avait baissé le son au maximum. Il n'était pas encore 7 heures. Jonathan est rentré sur la pointe des pieds, a déposé ses affaires sur le petit fauteuil du vestibule et, apercevant de la lumière, il est venu la rejoindre dans la cuisine. L'explosion a été à la hauteur de la peur qui avait travaillé les entrailles de Sandrine durant deux heures. Lorsqu'elle apprit qu'il était « sorti », elle lui expédia sa tasse à la figure. Puis, comme dans un mauvais mélodrame, elle entreprit de casser les assiettes et les verres de cristal qu'elle lançait à l'aveuglette dans sa direction. La crise a bien duré une demi-heure, accompagnée de cris et d'insultes. Pour finir, ils purent s'expliquer un peu, durant une petite heure. Et ce furent les derniers mots qu'ils échangèrent.

Quelques semaines plus tôt, Jonathan avait embauché une nouvelle secrétaire, qui s'appelait Abigaël. Elle était juive, comme lui, alors que Sandrine provenait d'une famille catholique. Tous deux agnostiques, la religion n'avait pourtant jamais été une question dans leur couple. Et voilà que Jonathan accordait de l'importance à son appartenance religieuse. Il fallait bien qu'il trouve une explication à l'incompréhensible attirance qu'il avait éprouvée dès qu'Abigaël avait franchi la porte de son bureau. Sans doute parce qu'ils partageaient la même foi, s'était-il raconté… Depuis le premier instant, il se trouvait dans un état étrange, qu'il ne s'était jamais connu. C'était fou ; il y pensait toute la journée et, lorsqu'il rentrait chez lui, il attendait avec impatience la solitude de la nuit pour continuer à caresser son souvenir. Il faut dire qu'il la trouvait si belle, aussi, le corps voluptueux, la cambrure de ses reins… et si joyeuse, le visage ouvert, riant volontiers… et si élégante… elle qui savait se mettre en valeur… et son parfum… Il se reniflait les mains pendant des heures après avoir serré la sienne. Quel était donc ce parfum qui l'envoûtait littéralement ?... du patchouli, peut-être... Mais au diable les explications ! Il était tombé amoureux... Le mot clé était bien « tombé » parce que le mouvement habituel de ses pensées s'était brutalement interrompu... Il ne pouvait penser à rien d'autre qu'à elle, Abigaël... Elle, Abigaël... Il se répétait les assonances dans sa tête... Oui, follement amoureux ! D'autant plus que c'était un état secret, intime, qu'il n'avait pu avouer à personne... pas à ses partenaires de travail, pas plus aux deux amis d'enfance qu'il revoyait de temps à autre et évidemment pas à son épouse. Il ruminait cela dans la pénombre de ses nuits d'insomnie jusqu'à ce soir où il avait osé l'inviter à dîner. Elle avait aussitôt accepté. Abigaël, elle acceptait tout. Elle semblait aussi fascinée par lui qu'il l'était par elle. Ils se sont ensuite retrouvés dans le petit studio qu'elle occupait dans un quartier nord de Paris, pour continuer à parler. Ils avaient parlé, bien sûr, beaucoup ! Mais ils s'étaient aimés aussi, durant toute la nuit. Tout à l'heure, au volant de sa voiture qu'il conduisait mécaniquement, il s'était rendu compte qu'il ne pensait plus à rien. Il aurait dû être inquiet, se demander quelle allait être la réaction de Sandrine, penser aux rendez-vous qui commenceraient au bureau dès 9 heures du matin... Mais non ! Il avait la tête vide, sans émotion, comme s'il avait été profondément apaisé.

Après la scène, il avait fourré quelques affaires dans un sac et quitté la maison sans se retourner. Le soir même, il s'installait chez Abigaël et tentait de négocier une séparation à l'amiable par l'entremise d'amis communs. Sandrine ne voulait rien entendre. Non ! Elle n'accepterait jamais de divorcer. Au début, elle prit la folie amoureuse de Jonathan pour une passade. Elle lui faisait régulièrement parvenir des messages. Elle voulait bien comprendre ce qui lui était arrivé ; elle finirait très certainement par lui pardonner... Au bout de quelques mois, n'obtenant aucune réponse, sous l'influence de ses collègues antillaises de l'hôpital, elle acquit la conviction qu'il avait été ensorcelé. Oui ! Cette femme, cette intrigante, qui s'était introduite dans ses affaires, lui avait sans doute fait boire quelque chose, ce que l'on appelait un philtre... Ses amies lui avaient raconté tout ce que l'on savait faire dans les traditions lointaines. Elle s'était alors souvenue que les parents de Jonathan étaient des rapatriés d'Algérie. Là-bas, on s'y entendait en matière de sorcellerie amoureuse ! Elle ne comprenait pas comment elle pouvait penser une chose pareille, cependant, elle, farouche agnostique et militante de la rationalité scientifique. Quant à Jonathan, il approfondissait sa relation avec Abigaël, s'interdisant de penser en arrière... Au fond de lui, une certitude s'était installée, dure et étincelante comme un diamant : Abigaël était son âme sœur. Et il en découvrait de nouvelles preuves chaque jour. Leurs prénoms, déjà... Dans la Bible, Jonathan était l'ami intime de David et Abigaël l'une des femmes qui vinrent au secours de David au cours de ses errances. Leur destin avait été scellé dans le même livre de la Bible, celui de Samuel où leurs deux noms sont inscrits. Quelle chance de l'avoir rencontrée !... Un matin, au bureau, alors qu'il ouvrait son courrier, il fut étonné par la consistance d'une enveloppe. Elle contenait manifestement un objet épais et dur qui avait même troué le papier kraft. Il hésita avant de l'ouvrir. C'était une chose étrange, indéfinissable, une sorte de pelote de fils entremêlés d'où échappaient des piquants qui semblaient végétaux, comme des épines. Entre les fils qui étaient de deux couleurs, rouge et noire, il apercevait ce qui pouvait être considéré comme le noyau de la chose : une boule de papier froissé. Il se leva pour refermer la porte de son bureau et, muni de ciseaux, il entreprit de couper les fils pour atteindre le papier. Et lorsqu'il le défroissa un liquide gras de couleur rougeâtre se répandit sur le bureau. Il bondit jusqu'au cabinet de toilette pour se laver les mains, mais ça ne partait pas. La couleur, une sorte de teinture, avait coloré ses doigts. Il revint vers son bureau pour examiner le papier. Des inscriptions ésotériques y traçaient des cercles concentriques. L'encre avait été diluée, mais on pouvait encore distinguer des chiffres, des noms en français, dans lesquels il reconnaissait une consonance biblique et d'autres mots en écriture arabe et des symboles, aussi, comme des étoiles ou des serpents.

Au début de l'histoire, nous avions un couple correspondant à la deuxième catégorie de la classification de Gikatila, un mariage en suspens, par défaut, pourrait-on dire, à condition de se souvenir que c'est le lot quasi général. Et soudain – il faudrait identifier la cause de ce bouleversement – une rencontre et une certitude : l'âme sœur… Que se passe-t-il alors ? Excitation, affolement, mouvements, modifications des lieux, course, frénésie… Et les événements basculent avec l'apparition des objets. Ici, je n'en ai décrit qu'un seul, qu'il faut bien nommer ainsi : un sort. Objet complexe, noué, scellé, impressionnant. Il y en eut trois, tout aussi incompréhensibles, angoissants… Le lecteur se demandera peut-être comment des personnes raisonnables, intégrées dans la vie sociale, ont fini par avoir recours à des méthodes d'un autre âge. Avant de porter un jugement qu'il accepte de se poser cette simple question. Existe-t-il un recours lorsqu'on constate que le désir de son bien-aimé a été détourné ?

Ainsi donc Jonathan reçut-il cet objet de sorcellerie. Dès le lendemain, il tomba malade – de peur ?... de rage ?... de l'action de l'objet ? Au bout de trois semaines qu'il traînait une gastrite qui ne voulait pas guérir, il finit par se laisser convaincre de partir consulter un marabout réputé, un musulman, qui officiait dans une cité HLM de banlieue. L'homme lui dit qu'il avait été victime d'un acte de sorcellerie. Il prononça le nom arabe de ce type d'objet, un *s'hur*, et lui révéla la coupable sans hésiter : son épouse. Il lui reprocha d'avoir ouvert le paquet, d'avoir coupé les fils, tranché les nœuds. « Malheureux, s'exclama-t-il, pourquoi as-tu tenté de défaire le sort ? Tu as multiplié ses effets par dix, par cent... Il fallait venir me voir tout de suite. » Émotions, colères, discussions interminables de Jonathan racontant sa mésaventure, demandant conseil autour de lui... L'histoire en suivant les bavardages des amis communs du couple en conflit finit par remonter jusqu'à Sandrine. De ce qu'elle entendit, elle retint seulement que Jonathan était allé consulter un sorcier musulman. Ce qui confirmait qu'il fréquentait ce type de personnes. Ses amies l'avaient prévenue. Elle n'en resta évidemment pas là. Elle agit à son tour...

Histoire d'une passion amoureuse et des ajustements auxquels son irruption contraint mais aussi des drames et des déchirements qui en découlent... des fureurs, des haines soudaines et incontrôlées. Histoire moderne, malgré les apparences, car lorsque la tension atteint son apogée, on voit surgir les traditions, ou peut-être seulement leurs restes, qui se croisent et s'entrechoquent. Pensée religieuse et pensée laïque, bien sûr... Magie et sorcellerie – et l'on constate étonné que la magie des uns est bien souvent la sorcellerie des autres. Sorcellerie des collègues antillaises de Sandrine ; du marabout qu'elle a consulté pour fabriquer le sort expédié à Jonathan, de celui qu'a consulté Jonathan pour s'en délivrer, qui, à son tour, a agi, fabriqué, invoqué, maudit, peut-être. Je retiens surtout la logique inexorable. Conforme à la théorie de l'âme sœur, Jonathan a tout lâché pour rejoindre Abigaël. Ce bouleversement produit, par une sorte d'alchimie spontanée, l'apparition de la sorcellerie amoureuse. Le premier temps est compréhensible. Quiconque est convaincu d'avoir rencontré l'âme sœur est prêt à tout pour la conquérir. Et celui qui voit son partenaire, son conjoint, enflammé par la conviction de l'avoir rencontrée, fera tout pour le retenir, telle Sandrine ici. Ainsi, cette théorie qui semblait élucubrations fantastiques de kabbalistes aussi géniaux que détachés du monde, s'incarne dans la vie concrète par des pratiques très semblables à celles qui l'ont précédée : des magies d'amour et des contre-magies. Vient un moment où le cycle des violences ésotériques se termine – et c'est généralement par l'action d'un professionnel, d'un homme de l'art.

Ainsi Sandrine s'accrochait-elle avec l'énergie du désespoir à son interprétation sorcière, de plus en plus convaincue que son mari avait été kidnappé à l'aide d'un philtre. Y croyait-elle vraiment ? Je n'en suis pas certain. Cependant sa haine d'Abigaël et sa colère contre Jonathan étaient parfaitement réelles et conscientes. Quant à Jonathan, plus passait le temps et plus il était déstabilisé. Quelquefois, il se prenait à douter. Abigaël était-elle vraiment sa promise, cette femme qui lui était désignée par le destin ? Malgré tous les événements qui avaient bouleversé sa vie, il n'était pas devenu croyant. Il voulut en avoir le cœur net. Il décida de consulter un vrai spécialiste des âmes sœurs : un rabbin kabbaliste. Et le voici parti pour une autre banlieue. Entouré de quelques fidèles, le Rav étudiait les textes ésotériques à partir de la tombée de la nuit. Mais, durant la journée du lundi et du jeudi, il recevait les demandeurs dans l'arrière-salle d'une minuscule synagogue aménagée au rez-de-chaussée d'une tour. Il ne donnait aucun rendez-vous, ne faisait aucune publicité, mais tout le monde, dans la communauté connaissait ses jours de consultation. Et c'était une cohue indescriptible. Ils venaient là par centaines, prêts à y passer la journée, attendant que son assistant vienne les conduire auprès de lui. Les demandeurs étaient en majorité des femmes qui, se retrouvant dans l'antichambre du saint homme, en profitaient pour raconter interminablement leurs malheurs et leurs joies, comme si, de là, Dieu les entendrait mieux. Lorsque ce fut son tour, le cœur de Jonathan fit un bond dans sa poitrine. Il était persuadé qu'il obtiendrait ici le fin mot de l'histoire ; qu'il saurait enfin. Le Rav ne leva pas la tête, ne lui jeta même pas un regard. L'assistant lui indiqua une chaise et lui fit signe de s'asseoir. Il commença à raconter ce qui lui était arrivé, la rencontre, la passion, les problèmes... et le Rav n'écoutait pas, se dandinant seulement, les yeux fermés, au rythme de ce qu'on aurait pu penser une prière intérieure. Il prit son stylo et commença à griffonner des lettres en hébreu, d'une main automatique, sur la dernière page d'un magazine religieux – une page où s'étalaient des propositions de voyages en Israël. Au bout de quelques minutes seulement, il dit d'une voix à peine perceptible :

– Elle s'appelle Sarah.

– Non !, répliqua Jonathan, non ! Elle s'appelle Abigaël, je vous l'ai dit.

– Elle s'appelle Sarah !, répéta le Rav. Et il déchira maladroitement la page du magazine qu'il entreprit de plier et de replier jusqu'à ce qu'elle tienne entre le pouce et l'index.

– Vous pensez qu'elle devrait changer de nom ?

– Elle s'appelle Sarah !, répéta encore le vieux. Et il tendit le morceau de papier à Jonathan en lui faisant signe de quitter la pièce.

Jonathan dut attendre quelques années avant de rencontrer une femme qui s'appelait Sarah. Et encore ! Ce n'était que son second prénom. Et elle n'était pas juive.

Après réflexion, je pense que c'est bien l'intervention du Rav qui a réussi à rompre le cercle enchanté dans lequel les protagonistes de l'histoire s'étaient trouvés pris. Sur le moment, Jonathan n'en saisit pas la portée. Il continua à penser que le vieux kabbaliste, distrait et peu attentif à sa présence, s'était trompé, mais la parole avait été dite et elle avait la force d'un oracle. Elle eut un premier effet ; Jonathan ne se rendit plus chez les sorciers pour leur demander de le désenvoûter. Il pensait désormais que la question était plus profonde, qu'il s'agissait de sa destinée, de ses choix de vie. Cependant, la phrase du vieux Rav revenait à chaque fois que des conflits pointaient avec Abigaël. « Elle s'appelle Sarah ! » Peut-être a-t-il voulu dire que ce n'était pas Abigaël, mais qui donc était Sarah ? À la longue, cette formule finit par installer durablement le doute dans l'esprit de Jonathan. Peu à peu, Abigaël prit de la distance à son tour. Sandrine n'avait pas désarmé, expédiant au couple imprécations et objets maléfiques. Il faut être solide pour endurer les attaques répétées d'une épouse humiliée ! Abigaël était sans doute trop jeune, trop inexpérimentée pour cela. Un soir de noces, le mariage d'un cousin, elle tomba amoureuse à son tour. C'était une nuit chaude durant l'été. La fête se déroulait dans les jardins d'un grand restaurant parisien. Elle but sans doute beaucoup trop. Elle avait dansé, tourbillonné avec ce jeune homme, un parent de la mariée. Ils se sont tenus, frôlés, sentis, palpés, entraînés, essoufflés. La danse est souvent un brouillon de l'acte amoureux où les partenaires se découvrent, se devinent, s'imaginent sans représentations, par la seule épreuve de leur corps. Son danseur était attentif, adroit, tendre et les mots qu'il lui murmurait à l'oreille la faisaient chavirer. Elle accepta le rendez-vous qu'il lui proposa dès le lendemain. Mais elle resta prudente. Elle craignait plus que tout la réaction de Jonathan. Elle le savait passionné, coléreux. C'est alors qu'elle s'accrocha à son tour à la divination du vieux Rav. N'avait-il pas affirmé qu'ils n'étaient pas destinés l'un à l'autre, puisque Jonathan rencontrerait un jour une femme du nom de Sarah ? Elle agit néanmoins avec délicatesse, prenant son temps, évitant les scènes et les explications interminables. Lorsque Jonathan finit par comprendre qu'elle envisageait de le quitter, il ne lui fit aucune difficulté. Ils se séparèrent donc après deux années de vie de couple. Ils en sortaient tous deux modifiés.

Voilà donc l'histoire. Que penser de l'étrange énoncé du kabbaliste ? Peut-on après coup le considérer comme une divination ou bien a-t-il pris une part bien plus active au dénouement ? A-t-il prédit ou a-t-il agi ? Les deux, bien évidemment ! Cet énoncé a pu agir sur les destinées de Jonathan et d'Abigaël, précisément parce qu'il était formulé sous la forme d'une divination. Si l'on est réfractaire à la lecture traditionnelle, on peut y voir ce que Merton appelait « prophétie autoréalisatrice » – un énoncé que rien ne valide dans la réalité mais qui provoque des comportements qui finissent par accomplir ce qu'il définissait initialement[1]. Quelle que soit la façon dont on la caractérise, on sera amené à considérer décisive l'intervention du Rav.

Deux récits en contrepoint, des heurs et des malheurs de l'âme sœur, qui soulignent qu'en matière de passion amoureuse, ils sont nombreux à agir. *L'amour ne tombe pas du ciel, même dans le cadre de la théorie de l'âme sœur – et son contraire, le désamour, pas davantage.* Si les théories de l'Antiquité qui impliquaient les dieux dans la vie des hommes conduisaient en toute logique à chercher le moyen de s'adjoindre leur concours, la théorie de l'âme sœur, fort éloignée, conduit à des actions de même type : tendre un filet magique pour y prendre l'âme convoitée ; la capturer par des actions ésotériques ou par la fabrication d'objets actifs ; combattre le rival, la rivale, par des actes sorciers. *La passion amoureuse dégage une énergie trop puissante pour abandonner sa gestion au hasard.*

1. Robert K. Merton, *Éléments de théorie et de méthode sociologique*, Paris, Armand Colin, 1997. Ainsi l'un des exemples que donne Merton : un directeur de banque annonce publiquement qu'il prédit que sa banque fera faillite avant six mois. Que se passe-t-il alors ? Les actionnaires retirent leurs fonds et la banque fait finalement faillite. La prédiction a produit l'événement qu'elle annonçait.

Le rendre amoureux, la rendre amoureuse Quelques principes généraux

La passion amoureuse ne se réduit à aucune de ses définitions. Si l'on parvient à décrire ses manifestations, sa source, sa nature restent opaques à l'analyse. Elle est cette faille toujours prête à s'ouvrir, destinée à accueillir un autre dans son propre univers, à le reconnaître, à l'honorer, à lui offrir son corps et son âme pour qu'il les occupe entièrement, pour qu'il en jouisse, comme on aspire à jouir du sien. Échange de corps, échange de souffles, fusion jusqu'à la confusion, elle est pourtant toujours vécue comme le cri d'un « je » enfin libéré, une perte d'identité qui renforce la conviction d'en avoir. Vide qui se révèle par une sensation de trop-plein, comparable au vertige qui naît de l'anticipation du non-être – un vertige qui durerait des semaines, des mois, des années, parfois. La passion amoureuse est antimatière, qui se dérobe aux certitudes, comme à chaque tentative pour la saisir. Demandez à un amoureux de décrire ce qu'il éprouve et le voilà balbutiant des banalités. Il ne peut dire car elle n'est pas faite de pensées, à peine d'images... Elle est force, c'est certain, mais force brute dont on peut tout attendre, l'avènement d'une forme nouvelle ou la destruction de sa cause. Objet de manipulation aussi, puisqu'on cherche à la déclencher à l'aide de techniques et d'objets, certains de ses effets sont prévisibles. Elle dédouble, expédiant une part de la personne en cet autre, qui devient un temps maître des lieux. Elle est dynamique de liaison, à quelqu'un, à d'autres, à des êtres, à des idées. Elle est aussi redoutable dans ses revirements, ses retournements, ses intuitions, ses interprétations, ses rejets, ses paranoïas. Elle est susceptible de produire les blessures les plus profondes, les ruptures définitives. Brutale, certainement comme serait l'expression de la pulsion à l'état pur, si une telle aberration était possible. La personne prise de passion ressemble à un insecte que l'on aurait mis en présence d'un jaillissement de phéromones. Il y resterait collé, sans pouvoir s'en détacher d'un millimètre. Et pourtant, elle est aussi bouillonnement, générant du devenir, des rêves d'être, des promesses de création. Elle est ancienne, très ancienne, au moins aussi vieille que les premières sources écrites dont nous disposons. Car si les peuples de l'Antiquité fabriquaient des objets destinés à la déclencher, nous pouvons au moins affirmer qu'ils connaissaient son existence. Elle a pourtant préservé son mystère, les secrets de son alchimie.

Il est une pensée commune selon laquelle la passion amoureuse serait la reviviscence d'un attachement infantile. Or, à observer les enfants, ils sont très rarement amoureux. Ils sont souvent profondément attachés, dépendants, empathiques. Cependant, ils ne supportent pas la discontinuité. Ils aspirent à la permanence du lien ; ils le voudraient paysage. Les enfants transforment l'histoire en géographie, le déroulement du temps en étendue. Leurs souvenirs ne sont pas récits, mais images. C'est précisément le contraire de la passion amoureuse qui fait exploser l'espace pour s'aventurer dans une prescience du temps à venir. C'est à l'adolescence qu'apparaît la passion amoureuse, tout le monde le sait ! C'est l'une des significations de ce passage de la Genèse si souvent cité : « Voilà pourquoi l'homme quitte son père et sa mère et s'attache à sa femme, et ils forment une seule chair[1]. » La passion amoureuse apparaît en même temps que le changement, naissant de lui et l'engendrant.

Un petit texte de Freud, « Observations sur l'amour de transfert[2] », expose un problème technique de la psychanalyse fort connu du grand public. Il arrive qu'une femme en traitement déclare soudain son amour à son médecin. Et Freud de se demander ce qu'il convient de faire en pareil cas, d'autant que la femme insiste, multipliant les séductions, réclamant la satisfaction de ses « tempétueuses exigences ». Et Freud ajoute que, passionnément éprise, elle perd du coup tout intérêt pour son traitement et ne se rend à ses séances qu'avec l'espoir d'obtenir un signe en retour. Pour lui, comme on sait, il s'agit de l'expression de ce qu'il appelle « transfert », un mécanisme inconscient qui reporterait sur le psy des sentiments refoulés de l'enfance. Dans cette première partie du texte, Freud semble donc dire : « Ce n'est pas moi qu'elle aime, c'est son père... » Et si elle est tombée amoureuse de son médecin, c'est bien pour ne pas révéler sa passion coupable pour son père. Le voilà revenu en terrain connu : résistance au traitement, amour pour détourner l'attention du thérapeute en train de s'approcher du noyau du conflit... Romantisme de la découverte de secrets enfouis, ingrédients romanesques dont s'est, par

1. Genèse 2 : 24.
2. Sigmund Freud, « Observations sur l'amour de transfert », *in La Technique psychanalytique*, Paris, PUF, 1970, p. 116 à 130.

exemple, emparé Alfred Hitchcock pour réaliser des films inoubliables. On peut légitimement se demander si on peut mener un traitement avec de tels ingrédients. Mais on oublie souvent qu'à la fin de son texte, discutant de la façon dont on pourrait distinguer « amour de transfert » et « amour ordinaire », il parvient à la conclusion que « rien ne nous permet de dénier à l'état amoureux, qui apparaît au cours de l'analyse, le caractère d'un amour "véritable"[1] ». Transfert, sans doute, mais amour tout de même ! Peut-être cet amour est-il instrumentalisé par la résistance ; peut-être tire-t-il sa force et son caractère opiniâtre d'une source infantile ; peut-être est-il exacerbé par les interdits inhérents à la situation, ajoute-t-il encore, il n'en demeure pas moins amour, encore amour, toujours amour… Et l'on se souviendra qu'au temps de Freud, nombreux furent les psychanalystes qui nouèrent des relations amoureuses, parfois passionnelles avec des patientes[2]. Cohérent avec ces prémisses, Freud parvient à des conclusions surprenantes. Il existerait bien, selon lui, un amour de type passionnel produit par un artifice puisque la première caractéristique qu'il reconnaît à l'amour de transfert est d'être « fabriqué ». « C'est la situation psychanalytique qui le provoque[3] », écrit-il avec honnêteté.

1. *Ibid.*, p. 127, (les guillemets sont dans le texte).
2. Pour mémoire, et pour ceux dont on a pu établir les faits avec certitude : Ferenczi, Jung, Jones, souvent, Rank, qui s'en était presque fait une spécialité… Le cas paradigmatique pourrait être celui d'Eduard Hitschmann, l'un des premiers disciples viennois de Freud à qui une patiente, comme dans le texte de Freud, déclara sa flamme durant une séance. « Je vous aime », lui déclara-t-elle. Et il répondit : « Moi aussi ! » Il interrompit alors le traitement, confia sa patiente à un collègue et attendit la fin du nouveau traitement pour l'épouser. Freud pensait-il à Hitschmann, qui fut aussi un temps le médecin de la famille, lorsqu'il écrivait son texte ?
3. Sigmund Freud, « Observations sur l'amour de transfert », *op. cit.*

J'imagine qu'on pourrait, surtout si on a été rompu à l'herméneutique freudienne, attribuer l'ensemble du processus à la femme. Comme le fit Freud dans d'autres textes, on devra alors prétendre que l'ombre de ses propres fantasmes est tombée sur son pauvre moi, boursouflé par le dispositif. Dans le texte que j'ai cité, Freud lui-même n'accepte pas cette facilité. Il sait que la responsabilité est entièrement du côté du professionnel, qui met en place en toute connaissance de cause, qui dose, qui manie. Une fois l'amour apparu, tout peut alors arriver... Le chasseur peut devenir la proie, le piégeur tomber dans son propre piège... L'amour de transfert, limite de la cure, devrait être considéré comme l'expression de la liberté ultime de la patiente qui échappe à l'emprise et capture à son tour.

Freud reconnaît donc que la psychanalyse peut fabriquer de la passion amoureuse, mais il ne s'aventure pas plus loin. Parce que lorsqu'il s'agit de fabrication, la bonne question est évidemment : comment ? Par quels mécanismes ? Même si ce n'est pas à tout coup, et sans doute ajouterait-il encore, « pas avec n'importe qui ». Rappelons que cela arrivait tout de même souvent, du moins au temps de Freud[1]. Regardons néanmoins ce qui, dans la situation psychanalytique, rappelle les procédures que nous avons identifiées depuis le début de notre enquête.

1. Conrad Stein, qui a publié en 2001 un texte sur l'amour de transfert, confie qu'il ne l'a personnellement rencontré qu'une seule fois. Voir Conrad Stein, « À propos de l'amour de transfert. Revendication érotique génitale, détresse d'enfant », *Imaginaire et Inconscient*, 2/2001, p. 71-77.

La métamorphose

D'abord, l'implicite de la cure, la philosophie qui l'imprègne sans jamais être énoncée clairement. La psychanalyse est une expérience dont on attend un changement radical de l'être. Ronald Laing désignait par *métanoïa* le bouleversement intérieur de l'irruption psychotique[1]. Ce terme pourrait parfaitement convenir au résultat que cherche à atteindre la cure psychanalytique, en un mot : une métamorphose. Nous avons appris de notre fréquentation de la passion amoureuse que c'est précisément le premier de ses effets. L'amoureux attend de l'autre qu'il le métamorphose et oublie qu'une action a été accomplie dans ce but. En psychanalyse, on installe un dispositif complexe dont on attend une métamorphose. Que se passe-t-il alors ? C'est comme s'il se créait un vide structural. On cherche l'agent, l'autre. Qui va occuper la case vide ? C'est évidemment lui, le psychanalyste. Nous pouvons donc confirmer l'assertion de Freud. La situation psychanalytique produit bien, par une sorte de chimie naturelle, de la pas-

1. Ronald Laing, *La Politique de l'expérience. Essai sur l'aliénation et l'Oiseau de Paradis*, Paris, Stock, 1969. Dans les Évangiles, *Métanoïa* désigne à la fois le repentir et la conversion. La psychanalyse attend une modification de l'être de la prise de conscience de ses propres désirs – repentir et conversion, donc... Nous avons un modèle de ce type d'amour dans un petit livre dont on ne connaît pas l'auteur, sinon qu'il fut un juif de culture grecque, vivant en Égypte entre le Ier siècle av. J.-C. et le Ier siècle ap. J.-C. Bâti sur le modèle des romans grecs, il raconte l'histoire de Joseph, le personnage biblique et de Aseneth, une riche héritière égyptienne. Dans ce récit, l'amour entre les deux jeunes gens naît très précisément de la *métanoïa* d'Aseneth, qui se repent d'avoir adoré les idoles et se convertit au judaïsme. *Cf.* Anonyme, *Histoire de Joseph et Aseneth*, Paris, Berg International, 1988.

sion amoureuse. Il reconnaîtra lui-même, à la toute fin de son texte, le potentiel explosif d'une telle situation : « Le psychanalyste sait bien, écrit Freud, qu'il manipule les matières les plus explosives et qu'il doit opérer avec les mêmes précautions et la même conscience que le chimiste. Mais a-t-on jamais interdit à un chimiste, à cause du danger possible, de manipuler des explosifs dangereux[1] ? »

Voilà donc une leçon retenue. Engagez les transformations, exprimez vos souhaits de convertir... *Promettez la métamorphose et vous obtiendrez la passion amoureuse.*

Avancer masqué

Ce retour aux modernes et à la psychanalyse conforte ainsi notre hypothèse initiale selon laquelle l'amour se fabrique et nous venons d'acquérir une notion nouvelle. Le psy, par son attitude de retrait, ce masque de réserve derrière lequel il se dissimule, favorise son déclenchement.

On sait que la déontologie du psychanalyste lui impose une rigoureuse réserve. Il est une explication psychanalytique à cette exigence. Sa neutralité, son abstention – puisqu'il ne doit manifester ni humeur ni opinion –, sa distance, en un mot, devraient favoriser l'expression du transfert et permettre son interprétation. Or, lorsqu'on examine les comportements du psychanalyste à l'aune de ce que nous avons glané dans notre enquête, nous sommes conduits à penser qu'il adopte une attitude très semblable à celle du

1. Sigmund Freud, *op. cit.*, p. 130.

commanditaire de magies d'amour qui, lui aussi, se tient en retrait, n'agit pas directement, attendant tout de la machinerie mise en œuvre par l'objet. Ainsi donc, il semblerait que la réserve du psychanalyste, sa confiance dans un dispositif technique, pourrait, au moins en certains cas, contribuer paradoxalement à déclencher la passion amoureuse.

Deuxième leçon tirée de cette observation : *si vous voulez obtenir la passion amoureuse, ne déclarez pas votre désir à la personne que vous convoitez, avancez masqué ! Faites confiance aux moyens techniques.*

C'est sans doute là que s'arrêtent les ressemblances entre les traditionnelles magies d'amour et le dispositif psychanalytique. La psychanalyse peut en effet fonctionner comme une magie d'amour, mais on ne saurait l'utiliser ainsi, et cela pour deux raisons. En premier lieu, son résultat en la matière est loin d'être assuré (le truc ne marche pas à tout coup). Et, n'étant pas destinée à cet usage, son fonctionnement, toujours involontaire, se révélera souvent erratique. Mais cette comparaison nous aura tout de même permis d'extraire deux principes généraux, pouvant être mis en œuvre sans nécessairement recourir à de complexes objets magiques. Est-il possible d'en identifier d'autres, en les isolant à partir de l'observation des objets et des rites ?

L'annonciateur

S'il est une caractéristique générale de tous les objets que nous avons examinés, c'est bien qu'en matière d'amour, on n'est jamais deux. Le seul fait de consulter un professionnel, un homme de l'art, à qui on demande de fabriquer une telle magie implique la présence d'au moins un troisième. Une fois le commanditaire parti, le magicien n'agit pas seul. Lui aussi s'adressera à un tiers, une divinité, un démon, un auxiliaire invisible, qu'il invoquera, dont il inclura certains caractères dans l'objet fabriqué ou dans le rite qui l'accompagne. L'occurrence répétitive de ce modèle laisse supposer un mécanisme nécessaire. *Pour que deux s'aiment à la passion, il faut qu'un troisième agisse.* C'est bien sûr Frère Laurent de Roméo et Juliette ou Brangien de Tristan et Iseut. Mais ce personnage, ce troisième, on le connaît aussi dans des récits moins traditionnels, plus proches de la vie quotidienne – la nôtre. Je l'appellerai l'« annonciateur ». C'est lui qui se rendra chez l'un, lui glissant l'idée de l'amour de l'autre. C'est lui qui assurera peut-être la transmission des messages, les infléchissant peut-être. Ici la science ne suffit pas ; il faut être expert en maniement des âmes. Les tentatives de les apparier se révèlent vaines à qui prétend détenir des données objectives. On sait qu'autrefois ce fut un métier, celui de marieur, le plus souvent des marieuses. Quoi qu'il en soit, autrefois comme naguère, comme aujourd'hui, sa présence semble indispensable à la naissance de la passion amoureuse.

Il arrive que l'annonciateur agisse à son insu, tel ce chef respecté d'une école de psychothérapie qui a un jour demandé à l'un de ses disciples de porter quelque document à une jeune collègue. Le disciple était marié, plutôt heureux en ménage et père de deux jeunes enfants. Arrivé chez sa jeune collègue, ce fut un véritable coup de foudre. Et, pour l'accompagner, une seule pensée qui revenait sans cesse : le chef lui avait désigné cette jeune femme pour compagne. D'où le disciple tenait-il cela ? Le chef lui avait seulement demandé de transmettre un dossier. Quelquefois, dans de tels lieux voués à la transformation des êtres, les pensées acquièrent une intensité inhabituelle. Quinze jours plus tard, le disciple quittait femme et enfants pour s'installer avec la jeune collègue, persuadé qu'en agissant ainsi, il accomplissait la volonté du maître. Et si l'on avait posé la question à ce dernier, il aurait nié avec énergie avoir eu la moindre idée en ce sens.

Nous pouvons répéter encore notre troisième principe : *au moins trois pour l'amour.*

Choisir les lieux

Tout au long de notre investigation des magies d'amour, nous avons noté l'occurrence de deux types de lieux, ceux où l'on invoque les forces et ceux où l'on dépose l'objet actif. On le dépose en général sous ses pas, là où la personne *démarre*… c'est-à-dire « se détache » ; là où elle est en route… lorsqu'elle a quitté un endroit et n'est pas encore arrivée à un autre, comme si les traditions savaient que c'est précisément dans ces moments, dans ces espaces traversés, souvent l'esprit ailleurs, que son âme est disponible. Ce lieu de passage, ce moment éphémère, est celui qu'il faut choisir, investir, *car à qui désire une âme, il faut la saisir en chemin.*

Quant aux lieux où on adresse les invocations, en notre époque où les temples aux divinités de l'amour se sont faits si rares, il faut rechercher les endroits dédiés, là où le monde accepte et honore les alliances. Les mariages sont des lieux propices, les noces, donc, mais aussi les espaces institutionnels où on les célèbre, les mairies, les églises, les synagogues. C'est dans ces lieux, dans ces moments, lambeaux modernes des temples aux divinités de l'amour, qu'il faut invoquer, et à haute voix. Car, et voilà un nouveau principe, *les couples appellent les couples.*

Choisir son moment

Une fois qu'on a jeté son dévolu sur quelqu'un, il faut ensuite se donner les chances de déclencher sa passion. Pour cela, il est indispensable de bien choisir son moment. Là aussi, il faudra profiter des flottements, des moments où la personne a quitté une position et ne connaît pas encore celle où elle s'installera ensuite. La fatigue est propice, lorsqu'elle est ancienne, résultant d'une longue tension, d'une situation confuse ou inquiétante, se répétant chaque jour – le surmenage, donc, né d'une longue concentration sur une tâche prenante. L'absence de sommeil, aussi, quelle qu'en soit la cause, qui, en rendant floues ses frontières, provoque le vacillement de l'être. Et la réussite inattendue, un succès artistique, par exemple, une promotion inespérée, qui déstabilise la personne, pas encore familiarisée avec le nouveau regard que le monde porte sur elle. Le deuil, aussi – les premiers moments du deuil, surtout, lorsque la personne sait mais n'a pas encore réalisé – est un moment fécond, un temps d'où émergent les passions incontrôlées. *Car on saisit une âme au moment où elle quitte son enveloppe, sa coquille.*

Invoquer

Il est plusieurs façons de parler et il existe bien des interlocuteurs. On peut parler pour dire, communiquer une information, ou pour mentir ; pour s'exprimer, donner des mots à une émotion ou à un sentiment ; on peut parler de manière automatique, pour signaler son existence, comme les chats miaulent ou comme chantent les oiseaux. Ce sont souvent les paroles presque automatiques des bavardages entre amis où on ne dit que pour médire. On peut parler en privé, à une ou deux personnes, ou en public, dans un groupe ou s'adressant à une foule. On peut parler clair, mais on peut aussi parler de manière détournée, en code, par formules, ou dans un langage ésotérique. On peut parler à ses proches, aux membres de sa famille, à un ami, à un collègue, à un quidam. Il existe cependant une parole qui s'adresse aux forces et qui passe par le monde – une parole dont on attend qu'elle diffuse, qu'elle se répande de proche en proche, comme un écho, pour atteindre un but lointain. Elle ne contient pas de message ; elle n'exprime ni émotion ni sentiment. Elle est seulement désir, demande adressée à un être global – la terre, ou l'univers. C'est elle que j'appelle « invocation ». Cette parole, comme toutes les autres, possède ses règles d'énonciation et ses conditions de félicité. Quel que soit le lieu où elle surgit, elle doit être prononcée à haute voix. Elle doit être signée, comportant explicitement le nom de l'énonciateur. Il est préférable qu'elle soit dite en présence de témoins, mais elle peut aussi l'être dans un lieu désert, que l'on aura choisi, dans un champ, auprès d'une rivière, au bord de la mer, devant un monument, sur une place déserte. Elle est toujours de la forme : « Moi, *Untel* (ou *Unetelle*), demande qu'elle (ou lui), *Unetelle* (ou *Untel*), vienne à moi, *Untel* (ou *Unetelle*), conformément à mon désir. »

J'aperçois ton sourire, cher lecteur ! Que voilà encore ?, penses-tu. Je devrais m'adresser à la terre comme s'il s'agissait d'une personne ?... Que veux-tu ? Je ne peux t'expliquer davantage. Je sais seulement que l'invocation est indispensable car – et voilà encore un principe – *les âmes se dirigent là où se trouvent les noms.*

Reconnaître les forces

Nous voilà parvenus au terme de cette enquête. J'ai procédé honnêtement, n'ignorant pas les contradictions, ne déniant pas le caractère absurde de certaines conclusions où m'ont parfois conduit mes raisonnements. Je n'ai jamais essayé de te forcer la main. Je n'ai pas tenté de te convaincre en dépit de la raison. Je n'ai pas essayé de te convertir à des religions disparues ou cherché à te faire pratiquer des rites obscurs, dont le sens, s'il existe, est réservé aux initiés. J'ai passé en revue ce qui, chez les anciens, constituait les ingrédients indispensables des magies d'amour, les dieux, les parfums, les objets. Je souhaitais t'aider à constituer un tableau aussi concret que possible. J'ai tout fait pour te décrire les croyances et les rites dans leurs détails en tâchant de mettre en valeur leur logique et de saisir les mécanismes de leur efficacité, lorsqu'elle semblait avérée. Plus encore, dans ce dernier chapitre, j'ai extrait des observations et des récits mythiques, quelques principes généraux susceptibles d'être appliqués, quel que soit le lieu, quelles que soient la culture, les croyances ou la foi des personnes qui sollicitent une procédure pour déclencher l'amour. Arrivé là, je peux enfin répondre à la question que tu me posais au tout début de notre investigation, lorsque tu me demandais si, moi-même, j'y crois. Je peux répondre maintenant. Je crois à l'existence de forces susceptibles d'être déclenchées par des procédures. Comme je l'ai rappelé plus haut, Freud y croyait aussi, qui pensait que l'amour peut être provoqué techniquement, par le seul fonctionnement du dispositif psychanalytique. J'ajouterai encore que non seulement je crois à l'existence de ces forces, les mêmes, sans doute, que ces « matières explosives » que manipuleraient les psychanalystes, je considère de plus qu'il est indispensable de les reconnaître. Car si l'on veut obtenir l'effet attendu d'une procédure, il est indispensable de suivre le chemin que nous trace sa logique. Déclencher une passion amoureuse, c'est aussi admettre l'existence de ces forces ; admettre qu'elles gouvernent une part de notre être et que si la montagne sommeille, le volcan n'est jamais éteint.

Les anciens disposaient de lieux, d'êtres et de procédures. Les modernes sont souvent amenés à se rabattre sur les marges de leur monde. Pour autant, aujourd'hui comme autrefois, il est possible de déclencher la passion amoureuse. Je ne prétends pas, bien sûr que c'est facile, surtout en nos temps. Reste encore à prévenir ceux qui la sollicitent. Une fois là, l'amour se déploie selon sa propre raison. Le déclencher est possible, le contrôler, certainement pas ! Celui qui le convoque doit s'attendre à une longue période d'anarchie. Et qu'il sache encore que, s'il est possible de conquérir un cœur, il est souvent bien difficile de se défaire d'une personne amoureuse.

Ouvrages cités

Abdessalem Sadok, *Le Visiteur et le voleur. Confrontation entre deux systèmes thérapeutiques au Soudan (région de Gazira)*, thèse pour le doctorat d'anthropologie et d'ethnologie, université Paris-VII, 1993.

Amado Jorge, *Dona Flor et ses deux maris*, Paris, J'ai lu, 2012.

Badiou Alain, avec Truong Nicolas, *Éloge de l'amour*, Paris, Flammarion, 2009.

Bastide Roger, *Le Candomblé de Bahia, rite Nagô*, Paris-La Haye, Mouton, 1958.

Bechtel Guy, *Les Quatre Femmes de Dieu. La putain, la sorcière, la sainte et Bécassine*, Paris, Pocket, « Agora », 2003.

Bessis Pierre, « Les noms des parfums », *Communication et langages*, 1er trimestre 1978, n° 37, p. 100-111.

Bottéro Jean, « L'amour libre à Babylone », *in Amour et sexualité*, Paris, Pluriel, 2012, p. 18.

Bottéro Jean, Kramer Samuel Noah, *L'Érotisme sacré à Sumer et à Babylone*, Paris, Berg International Éditeurs, 2011.

Bottéro Jean, *L'Épopée de Gilgamesh, le grand homme qui ne voulait pas mourir*, Paris, Gallimard, 1992, p. 74-75.

Bourlet Michel, « L'orgie sur la montagne », *Nouvelle Revue d'ethnopsychiatrie*, 1983, n° 1, p. 9-44.

Chants d'amour de l'Égypte antique, Paris, Imprimerie nationale Éditions, 1992, p. 131.

Chlyeh Abdelhafid, *Les Gnaoua du Maroc. Itinéraires initiatiques, transe et possession*, Grenoble, La Pensée sauvage, 1997.

Clément Catherine, *L'Appel de la transe*, Paris, Stock, 2011.

Dante, *L'Enfer*.

David Christian, *L'État amoureux*, Paris, Payot, 2001.

Détienne Marcel, *Les Jardins d'Adonis. La mythologie des parfums et des aromates en Grèce*, nouvelle édition revue et augmentée, Paris, Gallimard, « Folio », 2007.

Devereux Georges, « Quelques traces de la succession par ultimo géniture en Scythie », *Revue internationale d'études arctiques et nordiques*, 1972, n° 12, p. 262-270.

Devereux Georges, « Transe et sexualité », *in Les Corps à prodiges*, Paris, Tchou, 1977.

Devereux Georges, *Femmes et Mythes*, Paris, Flammarion, 1982.

Doutté Edmond, *Magie et religion dans l'Afrique du Nord*, Paris, Maisonneuve et Geuthner, 1984.

Dumestre Gérard et Touré Seydou, *Chroniques amoureuses au Mali*, Paris, Karthala, 1998.

Epelboin Alain, *Coran et talismans. Textes et pratiques magiques en milieu musulman*, Paris, Karthala, 2007.

Faraone Christopher A., *Philtres d'amour et sortilèges en Grèce ancienne*, Paris, Payot, 2006, p. 82.

Freud Sigmund (1915), « Observations sur l'amour de transfert », *in La Technique psychanalytique*, Paris, PUF, 1970, p. 116-130.

Freud Sigmund (1918), « Le tabou de la virginité », *in La Vie sexuelle*, Paris, PUF, 1969, p. 66-80.

Gibbal Jean-Marie, *Les Génies du fleuve*, Paris, Presses de la Renaissance, 1988.

Gikatila Joseph, *Le Secret du mariage de David et Bethsabée*, Paris, Éditions de l'Éclat, 2003, p. 47.

Grandpierre Véronique, *Sexe et amour, de Sumer à Babylone*, Paris, Gallimard, 2012, p. 191.

Hérodote, *L'Enquête*.

Heusch (de) Luc, *La Transe et ses entours : la sorcellerie, l'amour fou, saint Jean de la Croix, etc.*, Paris, Complexe 2005.

Homère, *Hymne à Aphrodite*.

Illouz Eva, *Pourquoi l'amour fait mal. L'expérience amoureuse dans la modernité*, Paris, Seuil, 2012.

Institoris Jacques et Sprenger Henry (1492), *Malleus Maleficarum, (Le marteau des sorcières)*, Paris, Plon, 1973 et rééd. Grenoble, Éditions Jérôme Million, 1988 et 2009.

Joule Robert-Vincent, Beauvois Jean-Léon, *Petit Traité de manipulation à l'usage des honnêtes gens*, Grenoble, PUG, 2004.

Kramer Samuel Noah, *L'Histoire commence à Sumer*, Paris, Flammarion, 2009.

Kramer Samuel Noah, *Le Mariage sacré dans l'Antique Sumer*, Madrid, Editorial AUSA, 1999, p. 95.

Laing Ronald, *La Politique de l'expérience. Essai sur l'aliénation et l'Oiseau de Paradis*, Paris, Stock, 1969.

Latour Bruno, *Enquête sur les modes d'existence. Une anthropologie des modernes*. Paris, La Découverte, 2012.

Leiris Michel, « La Néréide de la mer Rouge », *in Haut mal*, Gallimard, « Poésie », 1969, p. 133.

Leiris Michel, *L'Afrique fantôme*, *in Miroir de l'Afrique*, Gallimard, « Quarto », 1996, p. 535.

Leiris Michel, *L'Âge d'homme*.

Leiris Michel, *La Possession et ses aspects théâtraux chez les Éthiopiens de Gondar*, Paris, Plon, 1958, rééd. précédée de *La Croyance aux génies zâr en Éthiopie du Nord*, Paris, Le Sycomore, 1980.

Martino (de) Ernesto, *La Terre du remords*, *Œuvres*, tome 1, Paris, Les Empêcheurs de penser en rond, 2003.

Merton Robert K., *Éléments de théorie et de méthode sociologique*, Paris, Armand Colin, 1997.

Metraux Alfred, *Le Vaudou haïtien*, Paris, Gallimard, 1958.

Michaels Walter Benn, *La Diversité contre l'égalité*, Paris, Raisons d'agir, 2009.

Mopsik Charles, *Le Sexe des âmes. Aléas de la différence sexuelle dans la Cabale*, Paris, Éditions de l'Éclat, 2003.

Najman Charles, *Les Illuminations de Madame Nerval*, film, 1999.

Nathan Tobie, *Du commerce avec les diables*, Paris, Les Empêcheurs de penser en rond, 2003.

Nathan Tobie, Hounkpatin Lucien, *La Parole de la forêt initiale*, Paris, Odile Jacob, 1996.

Oudin-Bastide Caroline, *L'Effroi et la terreur. Esclavagisme, poison et sorcellerie aux Antilles*, Paris, La Découverte, 2013.

Ovide, *L'Art d'aimer*.

Rose Stéphane, *Misere-sexuelle.com. Le livre noir des sites de rencontre*. Paris, La Musardine, 2013.

Rosset Clément, *Loin de moi. Étude sur l'identité*, Paris, Minuit, 1999.

Rougemont (de) Denis, *L'Amour et l'Occident*, Paris, 10/18, 2001.

Stein Conrad, « À propos de l'amour de transfert. Revendication érotique génitale, détresse d'enfant », *Imaginaire et Inconscient*, 2/2001, p. 71-77.
Stekel Wilhelm, *La Femme frigide*, Paris, Gallimard, 1973, p. 70.
Verger Pierre Fátúmbi, *Dieux d'Afrique*, Paris, Revue noire, 2002.
Vernant Jean-Pierre, « Œdipe sans complexe », *in* J.-P. Vernant et P. Vidal-Naquet, *Mythe et tragédie en Grèce ancienne*, Paris, Maspero, 1972.
Watta Shem, *Sur les soleils de Houroud. Poèmes*, Paris, L'Harmattan, 1997.
Zempleni Andras, « Possession et sacrifice », *in Le Temps de la réflexion*, V, Paris, Gallimard, 1984, p. 325-352.
Zempleni Andras, *L'Interprétation et la thérapie traditionnelle du désordre mental chez les Wolof et les Lébou du Sénégal*, thèse pour le doctorat de troisième cycle, Paris, Sorbonne.

Table

DU MÊME AUTEUR
CHEZ ODILE JACOB

Psychothérapie démocratique, avec Nathalie Zajde, 2012.
La Nouvelle Interprétation des rêves, 2011.
Le Divan et le Grigri, avec Catherine Clément, 2002.
613, 1999.
Psychothérapies, avec Alain Blanchet, Serban Ionescu, Nathalie Zajde, 1998.
Soigner. Le virus et le fétiche, avec Catherine Lewertowski, 1998.
La Parole de la forêt initiale, avec Lucien Hounkpatin, 1996.
Psychanalyse païenne, 1995.
L'Influence qui guérit, 1994.

CET OUVRAGE A ÉTÉ TRANSCODÉ
ET MIS EN PAGES CHEZ NORD COMPO (VILLENEUVE-D'ASCQ)
ET ACHEVÉ D'IMPRIMER SUR ROTO-PAGE
PAR L'IMPRIMERIE FLOCH À MAYENNE
EN OCTOBRE 2013

N° d'impression : 85631
N° d'édition : 7381-2920-X
Dépôt légal : octobre 2013
Imprimé en France